Wissenswertes aus Niedersachsen

Im Jadebusen

Im Jadebusen ist der größte Tidenhub an der niedersächsischen Nordseeküste. Er beträgt etwa 3,70 m. Die tiefe Fahrrinne der Jade bei Wilhelmshaven kann von großen Schiffen befahren werden.

Sprachinsel Saterland

Die kleinste Sprachinsel Europas liegt im Saterland. Hier können noch etwa 2 000 Menschen das Saterfriesisch sprechen. „Iek häbe mäd him boald, man hie häd mie toukweden, dat hie mie dän koai nit reke kude." Das heißt ins Hochdeutsche übersetzt: „Ich habe mit ihm gesprochen, aber er sagte mir, dass er mir den Schlüssel nicht geben könne."

Die erste Eisenbahnstrecke

Im Jahre 1838 wurde die erste Eisenbahnstrecke im heutigen Niedersachsen gebaut. Sie verband Braunschweig mit Bad Harzburg. Sie diente vor allem dem schnellen Transport von Bergbauprodukten und von Steinen aus dem Harz.

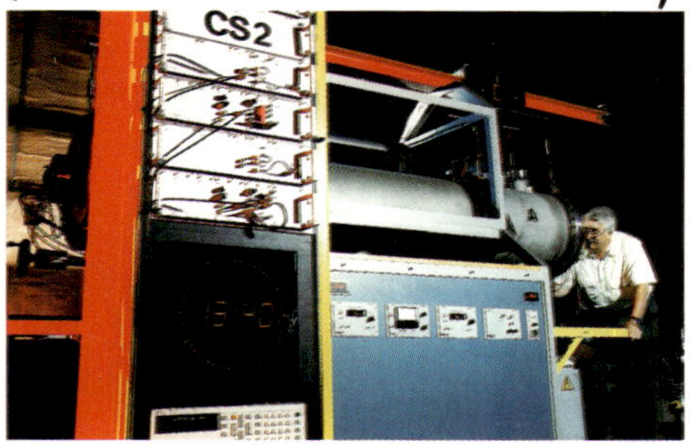

Atomuhren in Braunschweig

Atomuhren sind die genauesten Uhren der Welt. Mehrere Atomuhren werden in der Physikalisch-Technischen-Bundesanstalt in Braunschweig betrieben. Die gesetzliche Zeit in Deutschland wird von diesen Atomuhren bestimmt. Per Satellit steuern sie alle Funkuhren in Deutschland.

Einzigartig in Deutschland ist das Pferdemuseum in Verden an der Aller. Auf einer Fläche von 1 400 qm wird alles zum Thema „Pferd" gezeigt, z. B. Pferderassen, Futterkrippen, aber auch historisches Spielzeug, z. B. Ziehpferdchen, Galopprennspiele, eine Pferde-Marionette und eine mechanische Zirkusreiterin. In der Museumsbibliothek gibt es etwa 15 000 Bücher über Pferde.

Das Deutsche Pferdemuseum

Das Steinhuder Meer

Das Steinhuder Meer ist der größte Binnensee Niedersachsens. Er ist 8 km lang, 4,5 km breit und durchschnittlich 1,5 m tief. Er erwärmt sich im Sommer bis auf 25 °C und friert im Winter schnell zu. Im See liegen zwei künstlich angelegte Inseln, der Wilhelmstein mit einem Museum und die Badeinsel.

Das Alte Land

Das Alte Land ist das größte Obstanbaugebiet Niedersachsens. 20 Millionen Obstbäume (Kirsch-, Birn-, Zwetschen- und Apfelbäume) und viele Beerensträucher stehen auf mehr als 10 000 Hektar Land auf einer Strecke von 35 km entlang der Elbe von Stade bis Hamburg.

Niedersachsen – Physische Karte

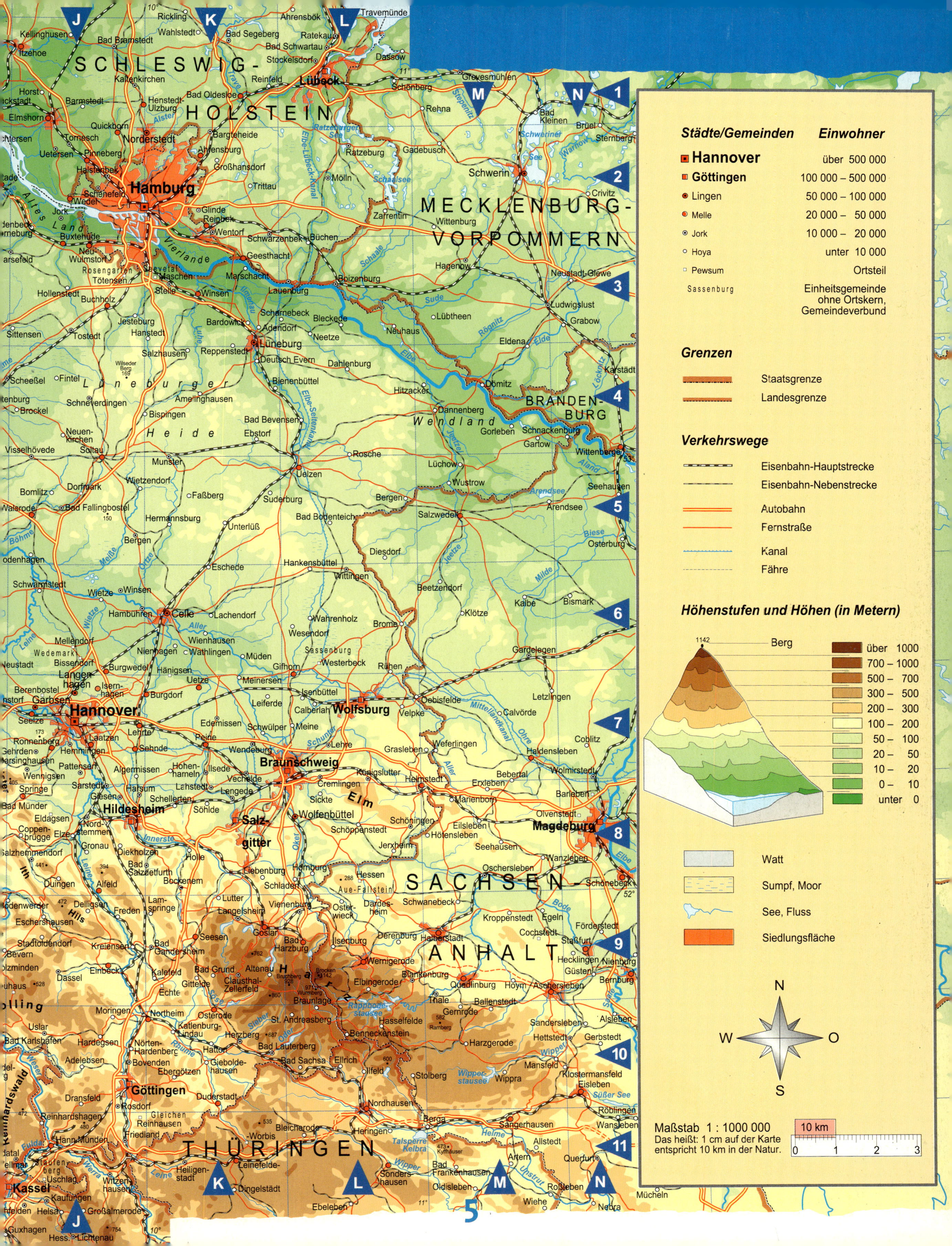
Städte/Gemeinden Einwohner
Hannover über 500 000
Göttingen 100 000 – 500 000
Lingen 50 000 – 100 000
Melle 20 000 – 50 000
Jork 10 000 – 20 000
Hoya unter 10 000
Pewsum Ortsteil
Sassenburg Einheitsgemeinde ohne Ortskern, Gemeindeverbund
Grenzen
Staatsgrenze
Landesgrenze
Verkehrswege
Eisenbahn-Hauptstrecke
Eisenbahn-Nebenstrecke
Autobahn
Fernstraße
Kanal
Fähre
Höhenstufen und Höhen (in Metern)
1142 Berg
über 1000
700 – 1000
500 – 700
300 – 500
200 – 300
100 – 200
50 – 100
20 – 50
10 – 20
0 – 10
unter 0
Watt
Sumpf, Moor
See, Fluss
Siedlungsfläche
N
W
O
S
Maßstab 1 : 1 000 000
Das heißt: 1 cm auf der Karte entspricht 10 km in der Natur.
10 km
0 1 2 3
SCHLESWIG-HOLSTEIN
MECKLENBURG-VORPOMMERN
BRANDENBURG
SACHSEN-ANHALT
THÜRINGEN
Lüneburger Heide
Wendland
Harz
Hamburg
Lübeck
Schwerin
Lüneburg
Celle
Hannover
Wolfsburg
Braunschweig
Hildesheim
Salzgitter
Wolfenbüttel
Magdeburg
Göttingen
Kassel
Norderstedt
Elbe
J K L M N
1 2 3 4 5 6 7 8 9 10 11

Die Landschaften Niedersachsens

Küste

Watt

Marsch

Geest

Flusstal

Moor

Bördelandschaft

Hügelland

Mittelgebirge Harz

Niedersachsen ist landschaftlich ein sehr vielseitiges Land. Als einziges Bundesland hat es sowohl Meeresküste, Tiefland und Bergland.

Tiefland und Meeresküste

Die Ostfriesischen Inseln liegen wie Perlen vor der Küste des Festlandes. Vor allem Dünen und Sandstrände prägen die Landschaft der Inseln.
Das Watt ist ein einzigartiger Raum. Zweimal am Tag wird es vom Wasser der Nordsee überflutet. Zweimal fließt das Wasser wieder ab. Viele besondere Tiere und Pflanzen finden hier ihren Lebensraum.
Die Marsch begleitet die Nordseeküste. Entlang von Elbe, Weser und Ems reicht sie weit ins Binnenland. Sie liegt etwas über dem Meeresspiegel, teilweise aber auch darunter. Die Menschen haben deshalb Deiche gebaut, um die Marsch vor Überschwemmungen schützen und das fruchtbare Land nutzen zu können.
Die Geest ist während der vorletzten Eiszeit durch Ablagerungen der Gletscher entstanden. Hügel oder kleine Berge mit über 100 m Höhe sind hier zu finden. An die Geestflächen grenzen weite Sandebenen und Flusstäler. Hier flossen während der Eiszeit das Schmelzwasser der Gletscher und das Wasser aus dem Bergland ab. Heute fließen hier die großen Flüsse Niedersachsens.
Die Bördelandschaft ist mit staubfeinem Löss bedeckt, der vom Wind während der letzten Eiszeit hier angeweht wurde. Löss bildet einen sehr fruchtbaren Ackerboden.
In Niedersachsen gab es viele Moore. Viele davon sind jedoch in Kulturland umgewandelt worden. Moore entstanden vor allem in Tälern und Senken, aber auch auf der Geest und in der Marsch.

Bergland

Bergland ist im Süden Niedersachsens zu finden. Hier erstrecken sich das Leinebergland und das Weserbergland. Bei Osnabrück gehören Teile des Wiehengebirges und des Teutoburger Waldes dazu. Zwischen den bewaldeten Höhen liegen lössbedeckte Hügel und Senken.
Der Harz zählt zu den Mittelgebirgen. Hier finden sich die höchsten Berge Niedersachsens.

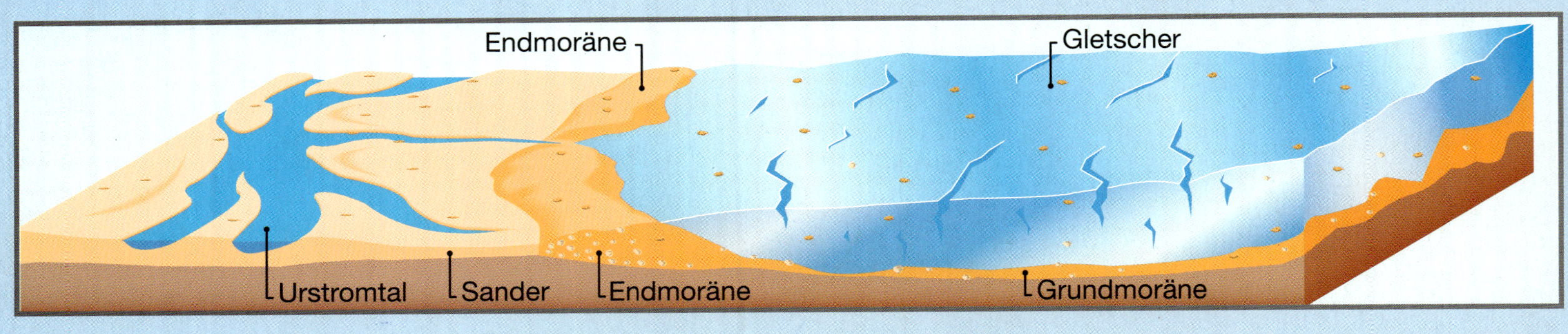

Die Dammer Berge, eine Endmoräne

Findlinge

Während der Eiszeiten war es in unserem Raum etwa 8 °C kälter als heute, im Norden Europas sogar noch kälter. Dort verfestigte sich der Schnee zu Eis. Mächtige Gletscher entstanden, die sich immer weiter ausbreiteten. Sie drangen bis nach Mitteleuropa vor und erreichten auch den Raum, in dem wir heute leben.
Auf ihrem Weg schabten und schrammten die Gletscher über den gefrorenen Untergrund. Dabei nahmen sie viel Geschiebe mit: Sand, Ton und sehr unterschiedlich große Steine. Die Gletscher schoben das Geschiebe vor sich her oder schleppten es im Eis mit. Dabei wurden die Steine abgerundet und glatt geschliffen, viele auch völlig zerrieben.

Als es wieder wärmer wurde, drückte kein Eis mehr aus dem Norden in unseren Raum nach. Die Gletscher bewegten sich nicht mehr. Sie tauten langsam ab. Das Geschiebe blieb liegen. Das Schmelzwasser floss in das eisfreie Vorland und sammelte sich in großen Flüssen. So formten Gletscher und Schmelzwasser neue Landschaften.

1. Die Moränenlandschaft: Sie besteht aus dem im Eis mitgeschleppten Geschiebe (Grundmoräne) und dem vor den Gletschern zu Hügeln aufgeschobenen Geschiebe (Endmoräne).
2. Die Sanderfläche: Sie schließt sich an die Endmoränen an und ist eine leicht geneigte Ebene. Das Schmelzwasser hat hier vor allem Sand, aber auch Ton abgelagert.
3. Das Urstromtal: In das breite Tal mündeten viele Schmelzwasserflüsse, aber auch Flüsse aus dem südlichen Bergland. Das Wasser floss hier zum Meer ab.

Noch heute treffen wir auf Zeitzeugen der Eiszeit. Das sind zum Beispiel die Sanderflächen und die Moränen. Sie bilden zusammen die Geest. Große Steine aus Nordeuropa finden sich hier: die Findlinge. Endmoränen sind als kleine Höhenzüge zu erkennen.

1. Seht in der Karte auf Seite 7 nach, welche Teile Niedersachsens von Gletschern und Schmelzwasser gestaltet wurden.

Moore

Moorlandschaft

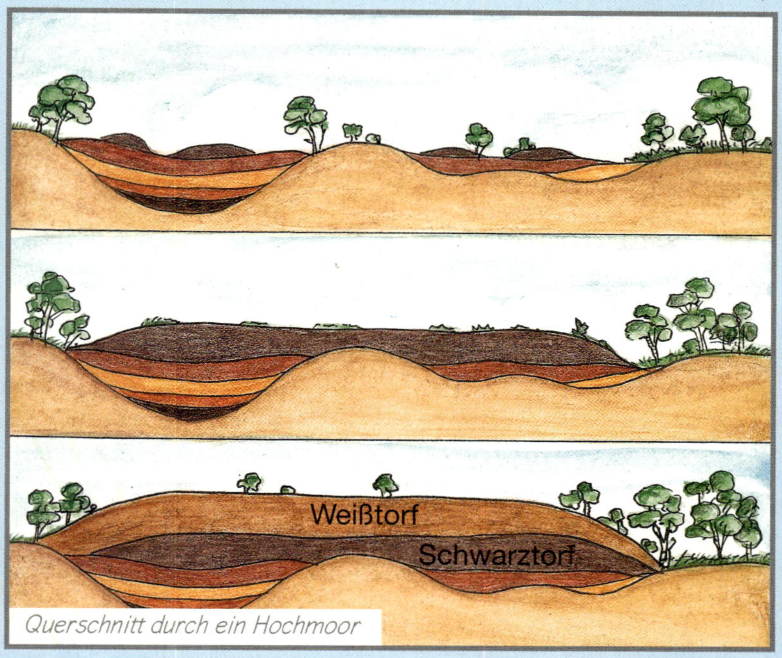

Querschnitt durch ein Hochmoor

Moore

Moore bestehen aus Torf, Pflanzen und Wasser. Torf bildet sich aus abgestorbenen Pflanzen und Pflanzenteilen. Diese geraten unter Wasser, können dort nicht verwesen und werden langsam zu Torf.
Die Hochmoore sind eine bestimmte Art von Mooren. Sie entwickeln sich nur bei hohen Niederschlägen. Nur wenige Pflanzenarten können hier leben. Eine davon ist das Torfmoos. Wie ein Schwamm hält es das Wasser fest. Es ernährt sich von den wenigen Nährstoffen, die der Regen mitbringt oder die der Wind mit dem Staub einweht. Das Torfmoos hat keine Wurzeln. Der obere Teil wächst ständig weiter, der untere Teil stirbt ab und wird zu Torf. Der meiste Hochmoortorf entstand aus Torfmoos.
Das Torfmoos ist vor allem auf Wasserflächen zu finden. Auf kleinen Buckeln wachsen daneben zum Beispiel das Wollgras, die Glockenheide, die Moosbeere und der Sonnentau.
Im Hochmoor leben wenige Tierarten wie das Birkhuhn, der Moorfrosch und verschiedene Libellen. An den Moorrändern ist die Kreuzotter zu Hause.
Die Hochmoore bilden sich seit etwa 7 500 Jahren. Der Torf nimmt um etwa einen Millimeter pro Jahr zu. Das Moor wächst nach oben, in der Mitte am stärksten. Daher wählten die Menschen die Bezeichnung Hochmoor. Erst entwickelte sich der Schwarztorf, in dem Pflanzenteile kaum noch zu erkennen sind. Danach entstand der Weißtorf, in dem noch einzelne Pflanzenteile zu finden sind.
Viele Moorflächen sind im Laufe der Zeit durch Torfabbau oder landwirtschaftliche Nutzung verschwunden. Fachleute und Naturschützer bemühen sich heute darum, Hochmoore zu erhalten. Dazu müssen die noch vorhandenen, aber entwässerten Hochmoore wieder vernässt werden. Gräben werden zugeschüttet. Bäume werden gefällt, weil sie den Moorpflanzen zu viel Wasser entziehen.

Pflanzen und Tiere des Moores

1. Beschreibt die Lage des Teufelsmoores mit Hilfe einer Karte in diesem Buch. Beginnt die Arbeit mit dem Ortsregister Seite 60.

2. Beschreibt den Aufbau und die Entstehung eines Hochmoores.

Ein wieder vernässtes Moor

Niedersachsen zwischen Weser und Ems

Oldenburger Münsterland
Ankumer Höhe
Dammer Berge
Wiehengebirge
Teutoburger
NORDRHEIN-WESTFALEN
Emmen
Meppen
Lingen
Nordhorn
Rheine
Ibbenbüren
Osnabrück
Cloppenburg
Vechta
Diepholz
Minden
Herford
Bad Salzuflen
Hengelo
Enschede
Städte/Gemeinden Einwohner
Bremen über 500 000
Göttingen 100 000 – 500 000
Lingen 50 000 – 100 000
Melle 20 000 – 50 000
Jork 10 000 – 20 000
Hoya unter 10 000
Pewsum Ortsteil
Grenzen
Staatsgrenze
Landesgrenze
Uplengen Einheitsgemeinde ohne Ortskern, Gemeindeverbund
Siedlungsfläche
Verkehrswege
Eisenbahn-Hauptstrecke
Eisenbahn-Nebenstrecke
Autobahn
Fernstraße
Kanal
Fähre
Höhenstufen und Höhen (in Metern)
über 1000 m
700 – 1000 m
500 – 700 m
300 – 500 m
200 – 300 m
100 – 200 m
50 – 100 m
20 – 50 m
10 – 20 m
0 – 10 m
unter 0 m
See, Fluss
Maßstab 1 : 500 000
Das heißt: 1 cm auf der Karte entspricht 5 km in der Natur.
5 km
Watt
Sumpf, Moor

Niedersachsen zwischen Elbe, Weser und Aller

Städte/Gemeinden Einwohner
Bremen über 500 000
Göttingen 100 000 – 500 000
Lingen 50 000 – 100 000
Melle 20 000 – 50 000
Jork 10 000 – 20 000
Hoya unter 10 000
Pewsum Ortsteil
Sassenburg Einheitsgemeinde ohne Ortskern, Gemeindeverbund
Grenzen
Staatsgrenze
Landesgrenze
Verkehrswege
Eisenbahn-Hauptstrecke
Eisenbahn-Nebenstrecke
Autobahn
Fernstraße
Kanal
Fähre
Höhenstufen und Höhen (in Metern)
über 1000 m
700 – 1000 m
500 – 700 m
300 – 500 m
200 – 300 m
100 – 200 m
50 – 100 m
20 – 50 m
10 – 20 m
0 – 10 m
unter 0 m
Watt
Sumpf, Moor
See, Fluss
Siedlungsfläche
Maßstab 1 : 500 000
Das heißt: 1 cm auf der Karte entspricht 5 km in der Natur.
5 km
0 1 2 3
HOLSTEIN
MECKLENBURG-
VORPOMMERN
BRANDEN-
BURG
SACHSEN-
ANHALT
Wendland
L
M
N
1
2
3
4
5
6
11°
Bad Schwartau
Stockelsdorf
Lübeck
Reinfeld
Bad Oldesloe
Trave
Dassow
Schönberg
Grevesmühlen
Wismar
Rehna
Stepenitz
Bad Kleinen
Schweriner See
Warnow
Ratzeburger See
Ratzeburg
Gadebusch
Schwerin
Crivitz
Elbe-Lübeck-Kanal
Mölln
Schaalsee
Trittau
Zarrentin
Wittenburg
Schwarzenbek
Büchen
Hagenow
Geesthacht
Marschacht
Schaale
Boizenburg
Neustadt-Glewe
Lauenburg
Ilmenau
Sude
Ludwigslust
Lübtheen
Grabow
Bardowick
Scharnebeck
Adendorf
Bleckede
Neuhaus
Rögnitz
Lüneburg
Neetze
Eldena
Elde
Deutsch Evern
Dahlenburg
Elbe
Bienenbüttel
Hitzacker
Dömitz
Elbe-Seitenkanal
Dannenberg
Bad Bevensen
Gorleben
Schnackenburg
Ebstorf
Jeetzel
Gartow
Rosche
Lüchow
Uelzen
Wustrow
Arendsee
Suderburg
Bergen
Salzwedel
Bad Bodenteich
Unterlüß
Diesdorf
Jeetze
Hankensbüttel
Wittingen
Milde
Beetzendorf
Bismark
Kalbe

Fremdenverkehr an der Küste und auf den Inseln

Strandpromenade in Cuxhaven

Freizeitsport

Urlauberschiff mit Inseltouristen

Die Nordseeküste ist ein beliebtes Feriengebiet. Ganzjährig kommen Urlauber in die Badeorte an der Küste und auf die Ostfriesischen Inseln. Die meisten Menschen kommen wegen der breiten Strände, wegen der guten Luft und wegen des salzhaltigen Wassers. Die Zahl der Feriengäste steigt ständig, denn sie können hier erlebnisreiche und erholsame Ferien verbringen.

Fast alle Menschen auf dem Festland und auf den Inseln leben vom Fremdenverkehr. Die meisten Feriengäste kommen in den Sommermonaten. Durch den Bau von Badelandschaften und anderen Freizeiteinrichtungen sollen mehr Gäste auch im Winter angezogen werden.

Fährschiffe bringen die Urlauber von den kleinen Häfen an der Küste auf die Inseln. Die Überfahrt von Neuharlingersiel nach Spiekeroog dauert z. B. 45 Minuten.

Der Fahrplan der Schiffe ändert sich täglich. Das liegt an Ebbe und Flut, die sich jeden Tag verschieben.

Autos dürfen nur auf die Inseln Norderney und Borkum mitgenommen werden. Auf den Inseln Wangerooge, Spiekeroog, Langeoog, Baltrum und Juist ist der Autoverkehr nicht erlaubt. Nachdem das Auto für die Dauer des Urlaubs auf dem Parkplatz abgestellt ist, wird das Gepäck in Containern verstaut und auf der Insel mit Handwagen und Elektrokarren transportiert.

1. Findet mit Hilfe der Symbole auf der Karte heraus, was ihr an der Nordsee unternehmen könnt.

SPEZIAL

Schutz der Dünen

Auf jeder der Ostfriesischen Inseln gibt es ausgedehnte Dünenlandschaften. Dünen sind vom Wind zusammengewehte Sandberge, die bis zu 20 Meter hoch werden können. Sie bieten für die Inseln und ihre Bewohner einen wichtigen Schutz vor dem Wind und vor der Brandung. Aber die Dünen sind gefährdet. Der Wind weht ständig und wirbelt feinen Sand auf. Dabei legt er die Wurzeln von Pflanzen frei, die die Dünen befestigen. Die Dünen würden von Wind und Wellen abgetragen werden, wenn im Frühjahr und Herbst die kahlen Stellen nicht in mühsamer Arbeit wieder neu bepflanzt würden, z. B. mit Strandhafer.

Ebbe und Flut

Boote im Hafen bei Niedrigwasser

Boote im Hafen bei Hochwasser

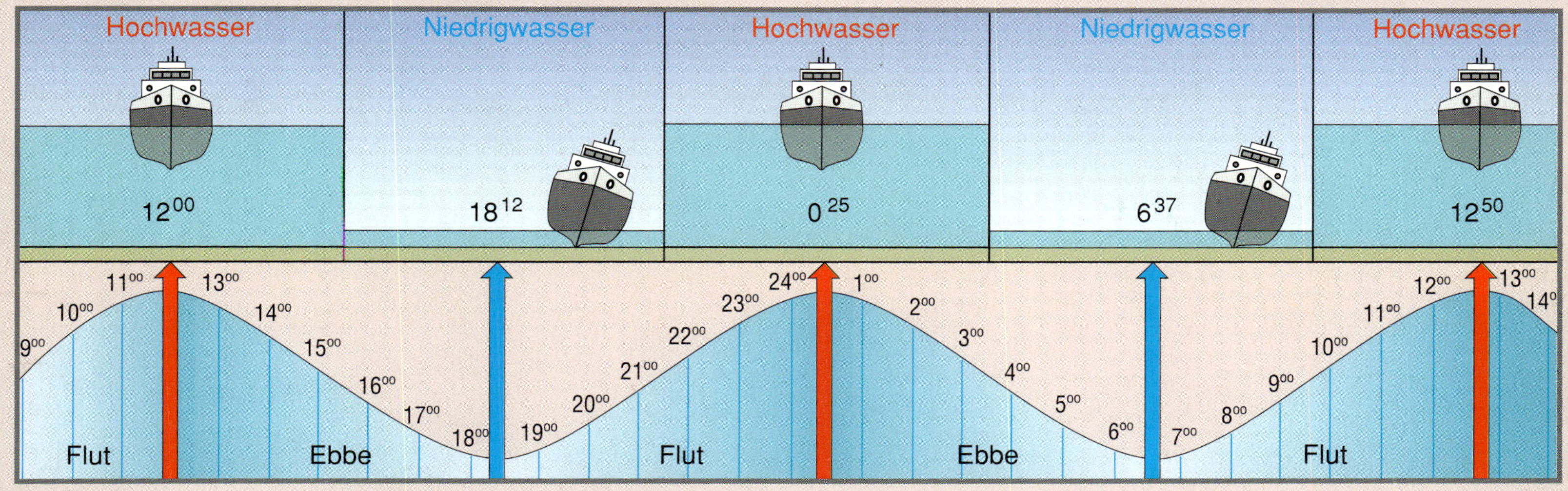

Der Wasserspiegel der Nordsee hebt und senkt sich Tag für Tag. Das Wasser bewegt sich in einem ständigen Wechsel auf die Küste zu und wieder von ihr weg. Das auflaufende und steigende Wasser nennt man Flut, das ablaufende und fallende Wasser heißt Ebbe. Ebbe und Flut zusammen nennt man Gezeiten oder Tiden. Der höchste Wasserstand heißt Hochwasser, weite Flächen des Watts sind dann überflutet. Der niedrigste Wasserstand heißt Niedrigwasser, große Teile des Watts sind trocken gefallen. Der Unterschied zwischen Hochwasser und Niedrigwasser ist der Tidenhub.

Von einem Niedrigwasser bis zum nächsten dauert es genau 12 Stunden und 25 Minuten. Deswegen verschieben sich die Gezeiten täglich um ungefähr 50 Minuten.

Die Ursache für die regelmäßigen Veränderungen des Wasserspiegels sind die Anziehungskräfte des Mondes. Der Mond braucht 24 Stunden und 50 Minuten, um einen Umlauf um die Erde zu machen. In dieser Zeit hebt und senkt sich der Wasserspiegel zweimal.

Steigendes Wasser erzeugt einen Flutstrom zum Lande hin, fallendes Wasser einen Ebbstrom ins offene Meer. Daher kann es an manchen Stränden lebensgefährlich sein, bei ablaufendem Wasser ins Meer hinauszuschwimmen. Die Badezeiten an der Nordsee werden deshalb täglich vorgeschrieben und müssen unbedingt eingehalten werden. Baden darf man etwa eine Stunde lang vor Einsetzen des Hochwassers. Feriengäste, Fischer und Seeleute müssen ihren Tagesablauf dem ständigen Wechsel des Wasserstandes anpassen.

1. Findet heraus, an welchem Tag Tina telefoniert.

2. Wann ist am Sonntag Badezeit im Meer?

Tag	Juli			
	Hochwasser		Niedrigwasser	
	Uhr	Uhr	Uhr	Uhr
11 M	1.57	14.04	8.03	20.36
12 D	2.34	14.39	8.43	21.11
13 M	3.11	15.16	9.18	21.50
14 D	3.52	15.50	10.00	22.35
15 F	4.39	16.47	10.46	23.20
16 S	5.28	17.36	11.31	
17 S	6.18	18.34	0.06	12.22
18 M	7.15	19.41	1.01	13.26

Badezeit am 11. Juli von 13 bis 14 Uhr

Der Seehafen in Cuxhaven

Seglerhafen

Verladen im Hafen

Kreuzfahrtschiff

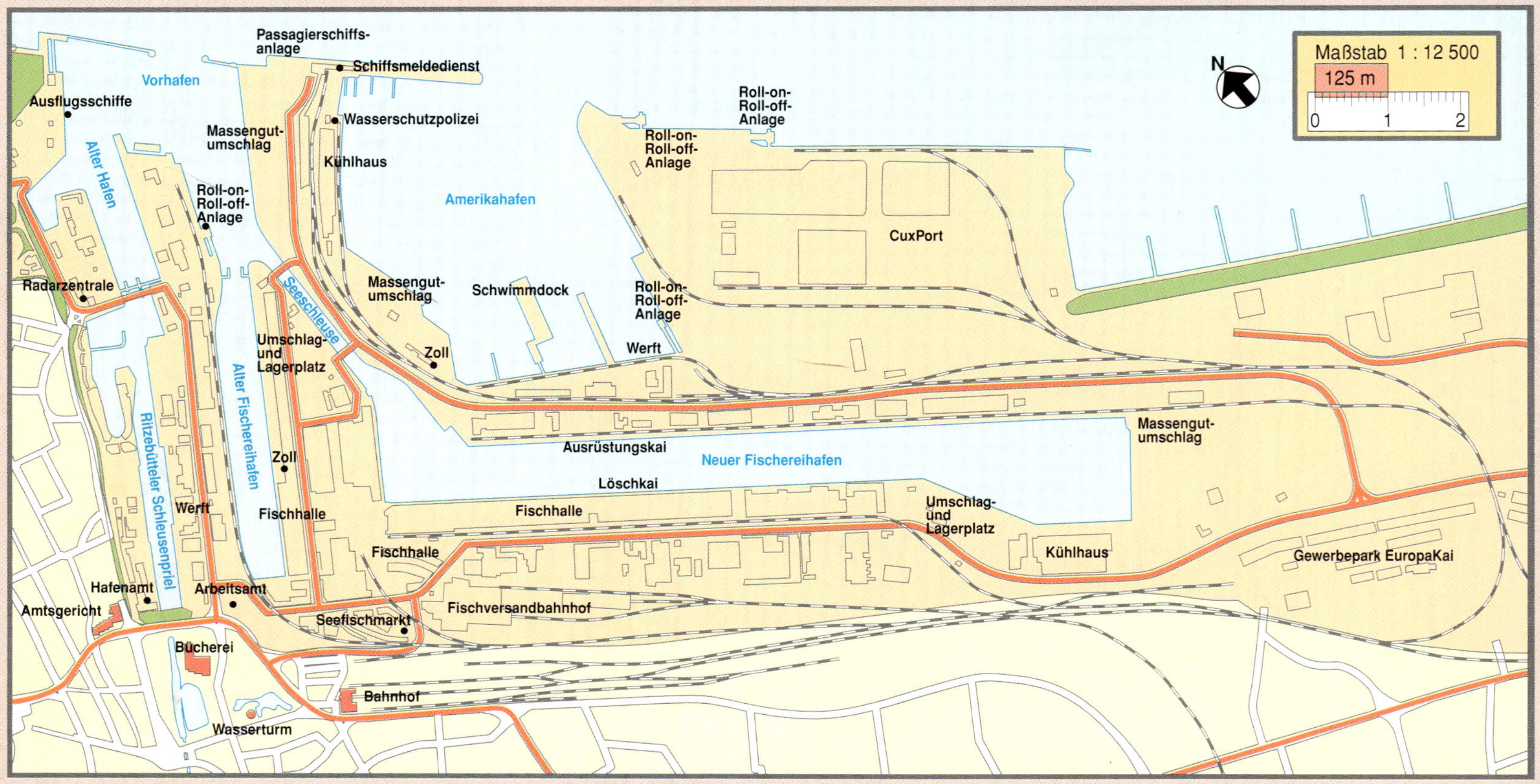

Häfen sind Verknüpfungen von verschiedenen Verkehrswegen. Große Schiffe aus fernen Ländern legen hier an, die Ladung wird auf kleinere Schiffe, die damit flussaufwärts fahren, oder auf Eisenbahnwaggons oder Lastwagen umgeladen.

Der Hafen Cuxhaven entstand am nördlichsten Punkt des Landes Niedersachsen an der Mündung der Elbe in die Nordsee, 104 km nördlich von Hamburg.

Cuxhaven liegt gegenüber der westlichen Einfahrt zum Nord-Ostsee-Kanal, der meistbefahrenen Schifffahrtstraße der Welt, und ist damit ein Ausgangspunkt für den Seeverkehr nach Großbritannien, Skandinavien und zu den anderen Ostseestaaten. Das tiefe Fahrwasser erlaubt auch größeren Schiffen das Einlaufen in den Hafen. Der Hafen hat eine sehr gute Verkehrsanbindung in das Hinterland über eine Autobahn, die Eisenbahn und die Elb-Fährverbindung Cuxhaven-Brunsbüttel.

An der Roll-on-Roll-off-Anlage werden spezielle Schiffe (Ro-Ro-Schiffe) beladen. Diese Schiffe haben am Heck und am Bug Tore, durch die sie mit Sattelschleppern, LKWs und Eisenbahnwaggons be- und entladen werden. Die Fahrzeuge müssen dabei nicht wenden.

Nach der Fertigstellung der Umschlaganlage CuxPort Terminal am seeschifftiefen Wasser ist Cuxhaven ein echter Mehrzweckhafen. Außerdem ist Cuxhaven der zweitgrößte Fischereihafen und der größte Standort der Fisch verarbeitenden Industrie Deutschlands.

1. Nennt die verschiedenen Bereiche des Hafens.

Fischfang und Krabbenfang

Fischfangschiff

Fischverarbeitung auf dem Schiff

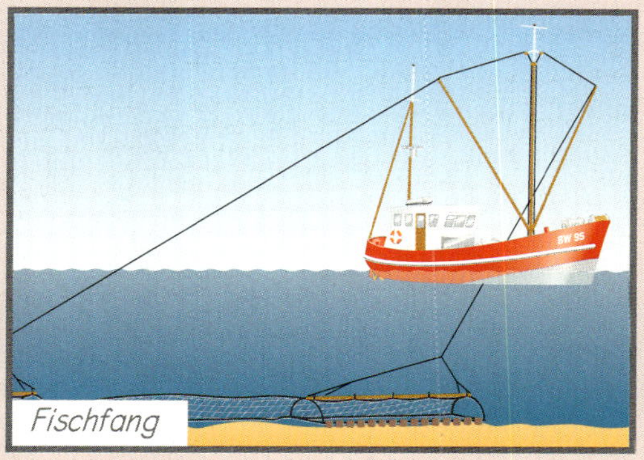
Fischfang

Von den Nordseehäfen aus wird Küstenfischerei betrieben. Die Kutter fahren bis zu 40 Kilometer auf das Meer hinaus und bleiben 12 bis 48 Stunden auf See. Es werden Krabben, Muscheln, Schollen und Seezungen gefangen. Die Fische werden mit einer Kette aus Rollen aufgeschreckt, die vorn am Netz angebracht ist und auf dem Grund entlanggezogen wird. Mit größeren Fischkuttern und anderen Netzen werden Hering, Seelachs und Kabeljau gefangen. Diese Kutter fahren weiter in die Nordsee hinaus und bleiben bis zu 14 Tage auf See. Sie sind mit Kühlanlagen ausgestattet.

In der Nordsee gibt es immer weniger Krabben und Fische. Dafür gibt es zwei Ursachen: Durch die Umweltverschmutzung gelangen Schadstoffe ins Meer. Krabben und Fische werden geschädigt. Dadurch vermehren sie sich nicht mehr so stark. Die zweite Ursache ist die Überfischung, das heißt, es werden zu viele Krabben und Fische gefangen. So sind die Fangmengen immer kleiner geworden. Viele Fischer mussten deshalb ihren Beruf aufgeben.

1. Beschreibt genau, wie der Fisch vom Fischkutter zum Verbraucher gelangt.

SPEZIAL

Krabbenfang

Um 6 Uhr stachen wir an Bord des Krabbenkutters in See. Schon bald wurden die großen Schleppnetze ausgeworfen. Bereits nach einer Stunde wurden die Netze auf den Kutter gezogen und entleert. Was für ein Gewimmel! Kleine, grüne Krabben, auch Kleinfische, Krebse, Muscheln und Quallen, aber auch Müll kamen ans Licht. Der Fang wurde zweimal über die Sortiermaschine geschickt. Jetzt wurden die Krabben in Salzwasser abgekocht.

Die nun leicht gekrümmten, bräunlichen Krabben kamen in flache Behälter. Gleich wurden die Netze wieder ins Wasser gelassen und der nächste Fang eingeholt. Der Kapitän erklärte mir, dass nur „Landratten" den Namen Krabben verwenden. Die Fischer sagen Granat oder Garnelen. Ein Teil der Krabben wird direkt vom Kutter aus verkauft. Der größte Teil wird mühsam von Hand aus der Schale gepult und gelangt danach in den Handel. Krabben dürfen nur von März bis Dezember gefangen werden.

Das Watt

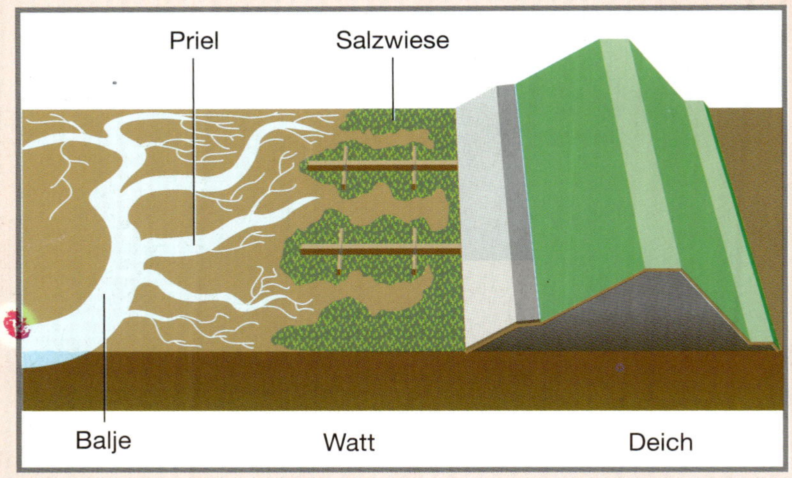

Das Watt ist ein besonderer, einzigartiger Lebensraum, der von Ebbe und Flut geschaffen wurde. Er ist einmalig auf der Welt. Das Watt umfasst das zum Meer hin leicht abfallende Land. Es wird bei auflaufendem Wasser überflutet und fällt bei Ebbe wieder trocken. Im Watt sind drei Bereiche gut zu unterscheiden:

1. Die weiten Wattflächen, die bei Niedrigwasser trocken fallen.
2. Die Priele und Baljen, die das abfließende Wasser in den Wattboden eingegraben hat.
3. Die höher gelegenen Salzwiesen, die nur selten überflutet werden.

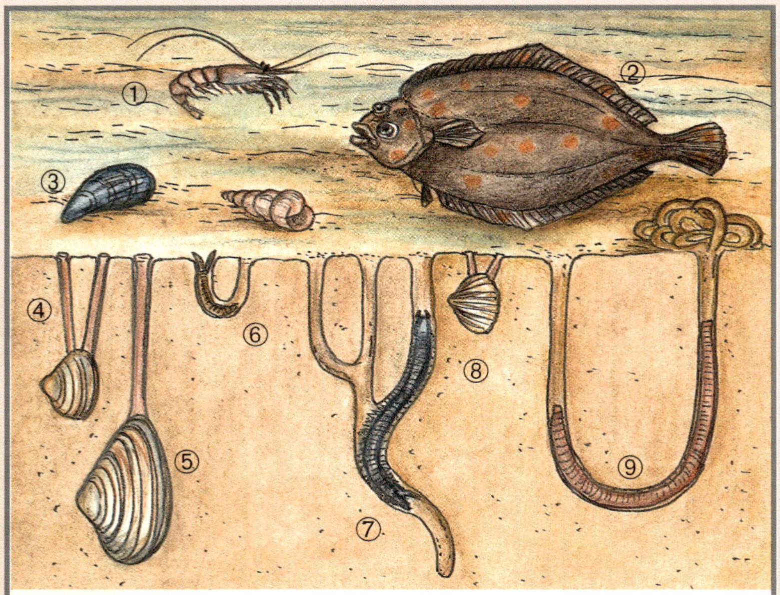

Die Flut bringt tonige Schwebteilchen, abgestorbene pflanzliche und tierische Teilchen und Sande in großen Mengen in das Watt. Nach jeder Flut bleibt ein Teil der Sinkstoffe zurück.
Auf den ersten Blick erscheinen die weiten Wattflächen leblos. Tatsächlich leben hier jedoch etwa 800 Pflanzenarten und 2 000 Tierarten. Wenn wir mit dem Spaten ein würfelförmiges Wattstück herausstechen und den Boden mit einem Sieb auswaschen, verbleiben manchmal mehr als 150 Tiere im Sieb.
Auf den Wattflächen sehen wir häufig die geringelten Kothäufchen des Wattwurms, der Schlick frisst und Unverdauliches wieder ausscheidet. Im Boden leben Schnecken, Muscheln und Krebse. Auf dem Wattboden leben zahlreiche Wattschnecken. Als Nahrung weiden sie die winzigen Algen ab.
Die Tiere im Wattenmeer müssen mit extremen Bedingungen zurechtkommen. Sie haben sich angepasst an den ständig wechselnden Wasserstand, an die starke Strömung und an die hohen Temperaturunterschiede. Freie Wattflächen werden im Sommer durch die Sonne stark erwärmt und später durch das auflaufende Flutwasser abgekühlt.
Für viele Fischarten der Nordsee, z.B. für Schollen, Seezungen, Heringe oder Sprotten, ist das Wattenmeer die Kinderstube. Sie finden hier ausreichend Schutz und Nahrung.
Seehunde suchen die Sandbänke im Watt auf zum Ausruhen und Sonnen, zur Geburt und Aufzucht der Jungen und zum Haarwechsel.

Viele See- und Strandvögel finden im Watt reichlich Nahrung. Die Austernfischer und die Uferschnepfen haben lange Schnäbel. Damit können sie wie mit einer Pinzette im Wattboden stochern und Muscheln und Würmer erbeuten, die tiefer im Wattboden leben.
Das Watt ist für viele Watvögel, Gänse und Enten ein Lebensraum, der nicht zu ersetzen ist. Die Vögel suchen hier ihre Nahrung und ziehen ihre Jungen auf. Über fünf Millionen Zugvögel fressen sich im Watt die notwendigen Fettpolster an. Nur so können sie ihre langen, anstrengenden Flüge bewältigen. Manche Vogelarten ziehen bis nach Sibirien oder Kanada.

1. Beschreibt die drei Bereiche des Watts.

2. An welche Bedingungen haben sich die Tiere und Pflanzen im Watt angepasst?

3. Überlegt, welche Temperaturunterschiede auf den freien Wattflächen im Winter auftreten.

Rast- und Brutraum können im Watt nur die höher gelegenen Salzwiesen sein. Diese Wiesen werden nur selten vom Salzwasser überschwemmt. Hier findet man eine geschlossene Pflanzendecke. Pflanzen, die Salz ertragen können, wachsen dort.
Große Vogelschwärme rasten in den Salzwiesen, wenn das Watt überflutet ist. Einige Vogelarten brüten hier auch.

Salzwiese

4. Erklärt, warum das Watt für viele Vogelarten wichtig ist.

SPEZIAL

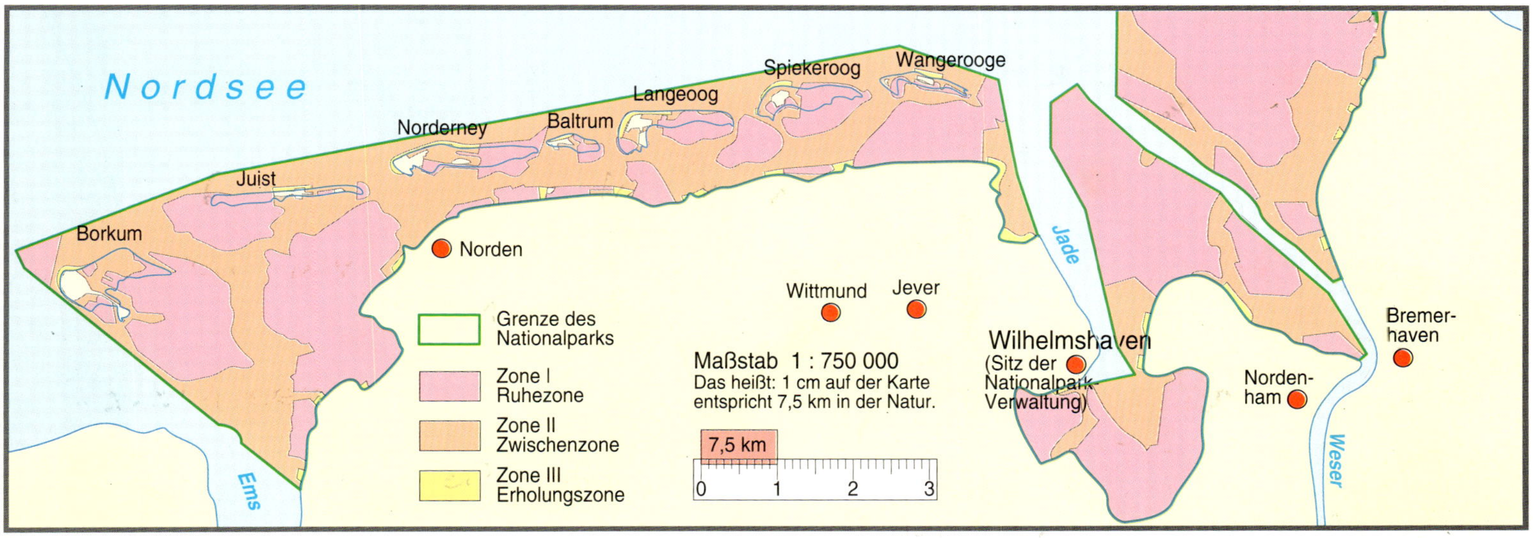

Nationalparks dienen dem Schutz von Pflanzen und Tieren. Sie bewahren einen Lebensraum vor Eingriffen durch den Menschen. Bestimmte Zonen im Nationalpark sollen der Natur überlassen werden, damit sie sich ungestört entwickeln können. Das Wattenmeer ist Teil der Nordsee und damit kein abgeschlossenes Gebiet. Die Nordsee leidet zunehmend unter Verschmutzung. Die Flut treibt das verschmutzte Wasser ins Wattenmeer. Ölrückstände und Schadstoffe lagern sich hier ab und haben schlimme Folgen für die Tier- und Pflanzenwelt im Wattenmeer.
Um den einzigartigen Lebensraum Watt besser schützen zu können, erklärten die Landesregierungen der Bundesländer Hamburg, Schleswig-Holstein und Niedersachsen dieses Gebiet im Jahre 1985 zum Nationalpark. Jedes Lebewesen dieser Landschaft soll unter besonderem Schutz stehen.
Der Nationalpark Wattenmeer ist in drei Zonen aufgeteilt, für die unterschiedliche Bedingungen gelten. Die Gebiete, die den größten Schutz genießen, heißen „Ruhezonen". Sie umfassen die Seehundbänke und die großen Brut- und Rastplätze der Vögel. Ruhezonen dürfen nicht betreten werden und sind deshalb für Besucher gesperrt. Hier sollen sich Pflanzen und Tiere ungestört entwickeln. Neben dieser Zone 1 gibt es noch die Erholungszone, die Zone 3, in der viele Nutzungen zugelassen sind. Dazwischen liegt eine Zwischenzone als Puffer, die Zone 2. Sie darf ganzjährig betreten werden, die Brut- und Rastgebiete der Vögel dagegen nur vom 1. April bis zum 31. Juli auf markierten Wegen.

„Ich muss überall im Wattenmeer fischen dürfen. Wenn ich dort nicht fischen darf, habe ich keinen Verdienst mehr. Ich muss aber für meine Familie sorgen. Einen anderen Arbeitsplatz finde ich hier nicht."

„Ich glaube nicht, dass die Natur so stark gestört wird, nur weil ich die Tiere beobachten möchte. Ich möchte Ausflüge zu den Seehundbänken unternehmen und überall am Strand spazieren gehen. Ich möchte im Urlaub keine Einschränkungen haben."

„Das Wattenmeer muss absolut in Ruhe gelassen werden. Nur die Belange der Pflanzen und Tiere haben Vorrang. Der Fremdenverkehr und die Fischerei müssen stark eingeschränkt werden."

„Wir leben vom Fremdenverkehr. Nur Teile des Wattenmeeres sollten unter Schutz gestellt werden, damit die Touristen noch etwas zu schauen haben. Ich befürchte, dass viele Gäste wegbleiben, wenn es zu viele Einschränkungen gibt."

5. Lest die verschiedenen Aussagen der betroffenen Menschen. Überlegt euch ein Rollenspiel.

Die Marsch

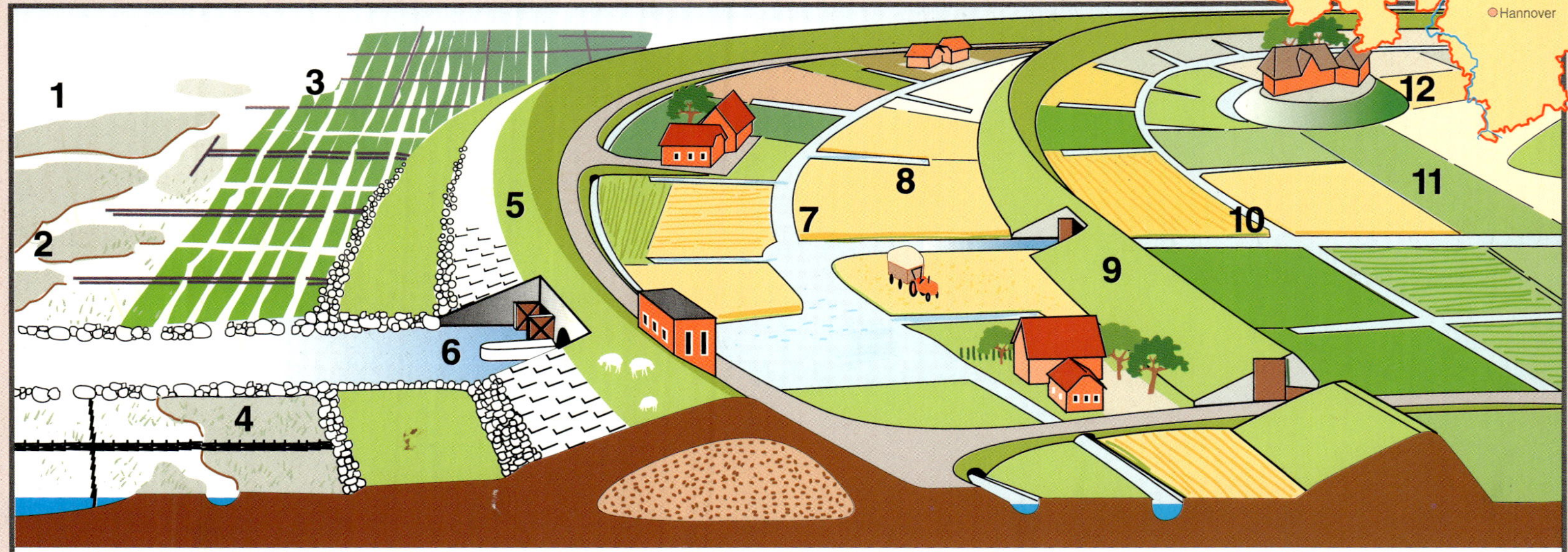

1 Wattenmeer 2 Priel 3 Vorland mit Lahnungen und Grüppen 4 Lahnung 5 neuer Deich
6 Sieltor 7 Sielzug 8 neuer Koog 9 alter Deich (Schlafdeich) 10 Gräben 11 alter Koog 12 Wurt

Die Landschaft, die sich an das Watt anschließt, heißt Marsch. Sie liegt kaum höher, manchmal sogar tiefer als der Meeresspiegel. Deshalb wird die Marsch durch Deiche an der Küste geschützt. Die Marsch muss nicht nur vor dem Meereswasser geschützt werden. Kleine Flüsse und Bäche aus dem Binnenland, aber auch Regen bringen viel Wasser in die Marsch. Um das Land zu entwässern, muss dieses Wasser ins Meer abgeleitet werden. Aus diesem Grund durchziehen viele Gräben die Landschaft.

Früher baute man Sieltore in die Deiche ein. Ein Siel ist eine Öffnung im Deich, durch die das Wasser aus der Marsch in das Meer abfließen konnte. Gleichzeitig musste aber dafür gesorgt werden, dass kein salziges Meerwasser in die Marsch eindrang. Das wurde durch die Sieltore verhindert. Sie öffneten sich selbsttätig bei Ebbe durch den Druck des Wassers, das aus den Entwässerungsgräben ins Meer abfloss. Bei Flut wurden die Sieltore durch den Druck des Meerwassers wieder geschlossen.

Diese einfachen Sieltore sind heute durch große Anlagen, die Schöpfwerke, ersetzt worden. Die schweren Tore der großen Siele werden durch Motorkraft geöffnet und geschlossen. Jedem großen Siel ist heute ein Schöpfwerk angeschlossen. Dieses pumpt das Wasser, das aus der Marsch nicht abfließen kann, in die Nordsee. Das ist vor allem bei Sturmfluten der Fall, wenn die Winde aus Nordwesten das Meerwasser gegen die Küste drücken. Mit Hilfe der Schöpfwerke kann der Wasserstand in der Marsch genau reguliert werden.

1. Erklärt, wie Menschen in der Marsch sich vor dem Wasser von beiden Seiten schützen.
2. Beschreibt, wie ein Sieltor arbeitet.
3. Sucht auf der Karte Seite 14 alle Orte, die auf *-siel* enden.

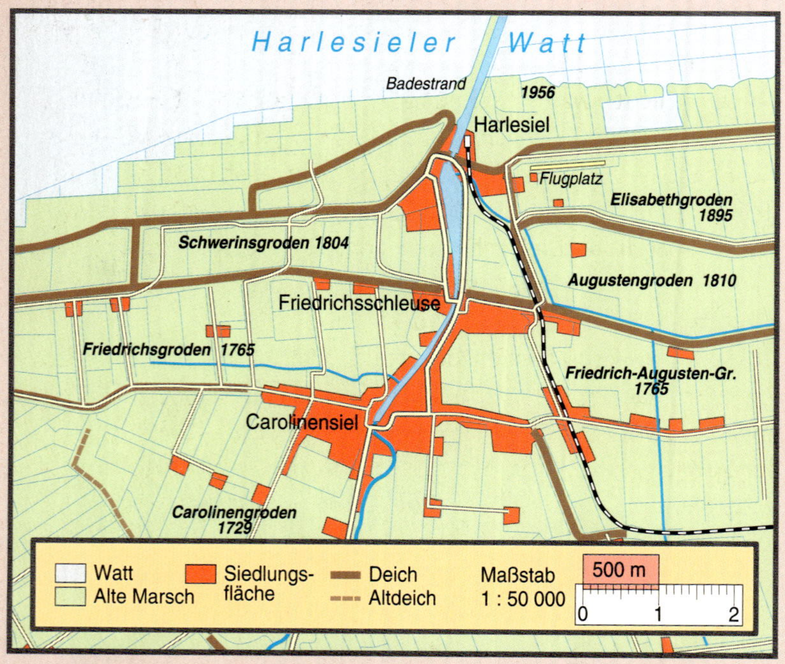

Schöpfwerk in Harlesiel

Schutz für die Marsch

Um das fruchtbare Land der Marschen zu nutzen und dort zu siedeln, mussten sich die Menschen vor dem eindringenden Wasser schützen. Zuerst schütteten sie Erdhügel, die Wurten oder Warften, auf. Auf diesen Hügeln errichteten sie Häuser. Die Wiesen und Felder waren den Sturmfluten, die vor allem im Herbst und Winter auftraten, weiterhin ausgesetzt.
Vor ungefähr 1 000 Jahren begannen die Menschen, Deiche zu bauen. Dadurch wurden immer größere Teile der Marsch vor dem Meerwasser geschützt und konnten jetzt ständig genutzt werden.
„Wer nich will dieken, mut wieken" heißt es an der Küste. Der Meeresspiegel steigt seit Jahrhunderten langsam, aber stetig an. Deswegen mussten die Deiche immer wieder erhöht werden. Im Laufe der Jahrhunderte lernten die Menschen immer bessere Deiche zu bauen. Heute werden die vorhandenen Deiche nur noch erhöht, wenn es notwendig ist.
Bei einem Orkan an der Nordseeküste kann es, besonders wenn der Wind von Nordwesten kommt, zu einer Sturmflut kommen. In diesem Fall drückt der Wind das Wasser gegen die Deiche und Dünen. Es kann sechs bis sieben Meter über den normalen Hochwasserspiegel ansteigen. Wenn die Wellen die Deichkrone überspülen, können sie den Deich leicht von hinten aushöhlen und zerstören.
An der Nordseeküste hat es im Laufe der Zeit immer wieder große Sturmfluten mit schweren Schäden gegeben. Die Buchten an der niedersächsischen Küste sind durch große Sturmfluten entstanden, die dort das Land zerstörten und wieder zu Meer werden ließen. Bei der größten überlieferten Sturmflut im Jahr 1362 gab es mehr als 100 000 Tote.

1. Beschreibt das Deichprofil.
Vergleicht die Seeseite mit der Landseite.

Haus auf einer Wurt

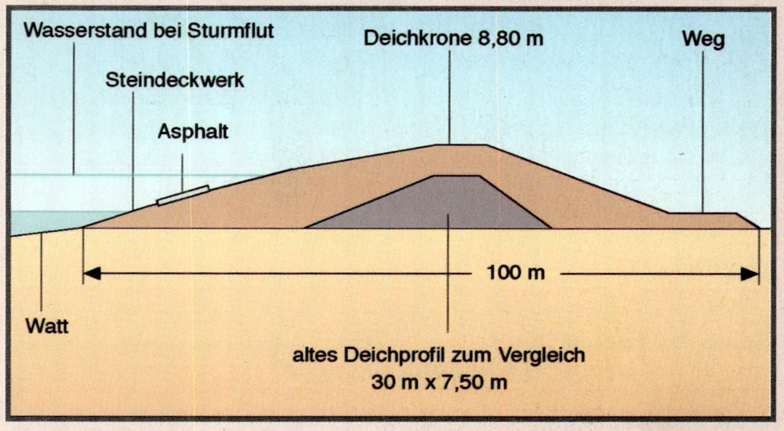

Sturmfluten an der Küste

SPEZIAL

Die Sturmflut 1962 in Hamburg

Hamburg liegt zwar im Binnenland, muss aber vor Sturmfluten geschützt werden. Bei Nordwestwind wird das Meerwasser in die Elbe gedrückt. Das Wasser der Elbe kann deshalb nicht abfließen. Eine große Überschwemmung durch Meerwasser und Flusswasser droht. Dadurch kam es am 16. und 17. Februar 1962 zu einer schweren Flutkatastrophe, bei der 300 Menschen starben und 8 000 Häuser zerstört wurden.
Ein zehnjähriges Mädchen berichtet: „Um 2 Uhr 20 wurde ich durch ein mächtiges Rauschen geweckt. Draußen stand das Wasser etwa 1,20 Meter hoch. In der Küche kam gurgelnd das Wasser aus der Speisekammer. Mein Vater half uns aufs Dach. Kaum war er auch oben, schoss eine mächtige Sturzwelle heran. Unser Haus schwamm einfach davon. Überall hörten wir Menschen auf den Dächern um Hilfe schreien. Bei Tagesanbruch wurden wir von unserem schaukelnden Sitz gerettet."

Die Lüneburger Heide

Totengrund

In der Zeit von Mitte Juli bis Mitte August blüht die Heide. Dann sehen die Flächen im Naturschutzpark Lüneburger Heide aus wie ein riesiger rosalila Teppich. Nur einige Wacholder und Birken stehen dazwischen. Viele Menschen reisen in diesen Wochen hierher, um die Heideblüte zu sehen. Motorfahrzeuge dürfen im Naturschutzpark nur von den Parkangestellten benutzt werden. Die Besucher wandern durch die Heide, fahren mit dem Rad, reiten oder lassen sich in einer der vielen Pferdekutschen oder einem Planwagen über die sandigen Wege ziehen.

1. Sucht auf der Karte Seite 7 die Lüneburger Heide.
2. Nennt Städte, die am Rande der Lüneburger Heide liegen.
3. Sucht auf der Karte Seite 4/5 den Weg von eurem Wohnort nach Soltau.

Bienenkästen

Manchmal sehen die Besucher einige der 2 000 Heidschnucken, die tagaus, tagein über die Flächen ziehen. Sie halten die Heide kurz und fressen Jungbäume ab. So bleibt die Heidelandschaft erhalten und es breitet sich kein Wald aus.
Während der Heideblüte bringen viele Imker ihre Bienenstöcke dorthin. Die Bienen sammeln den Nektar aus den Heideblüten und tragen ihn in ihren Stock. Später wird der Honig vom Imker aus den Waben herausgeschleudert und in Eimer oder Gläser gefüllt. Heidehonig schmeckt vielen Menschen gut und ist deshalb sehr begehrt.

Heidehof

Außerhalb des Naturschutzparkes gibt es viele Dörfer. Dort findet man große Bauernhöfe unter alten Eichen, umgeben von einer Mauer aus Findlingen. Auf den Feldern sieht man, was heute in der Lüneburger Heide angebaut wird: Spargel, Raps, Roggen, Mais, Futterrüben und Kartoffeln. Oft werden in den Hofeinfahrten Obst, Gemüse und vor allem die Heidekartoffeln zum Verkauf angeboten.
Schilder an den Höfen laden ein zu „Ferien auf dem Bauernhof" oder „Reiterferien". Nicht selten begegnet man Gruppen von Kindern, die auf Ponys ausreiten.

4. Vermutet, warum viele Familien mit Kindern ihren Urlaub auf dem Bauernhof verbringen.

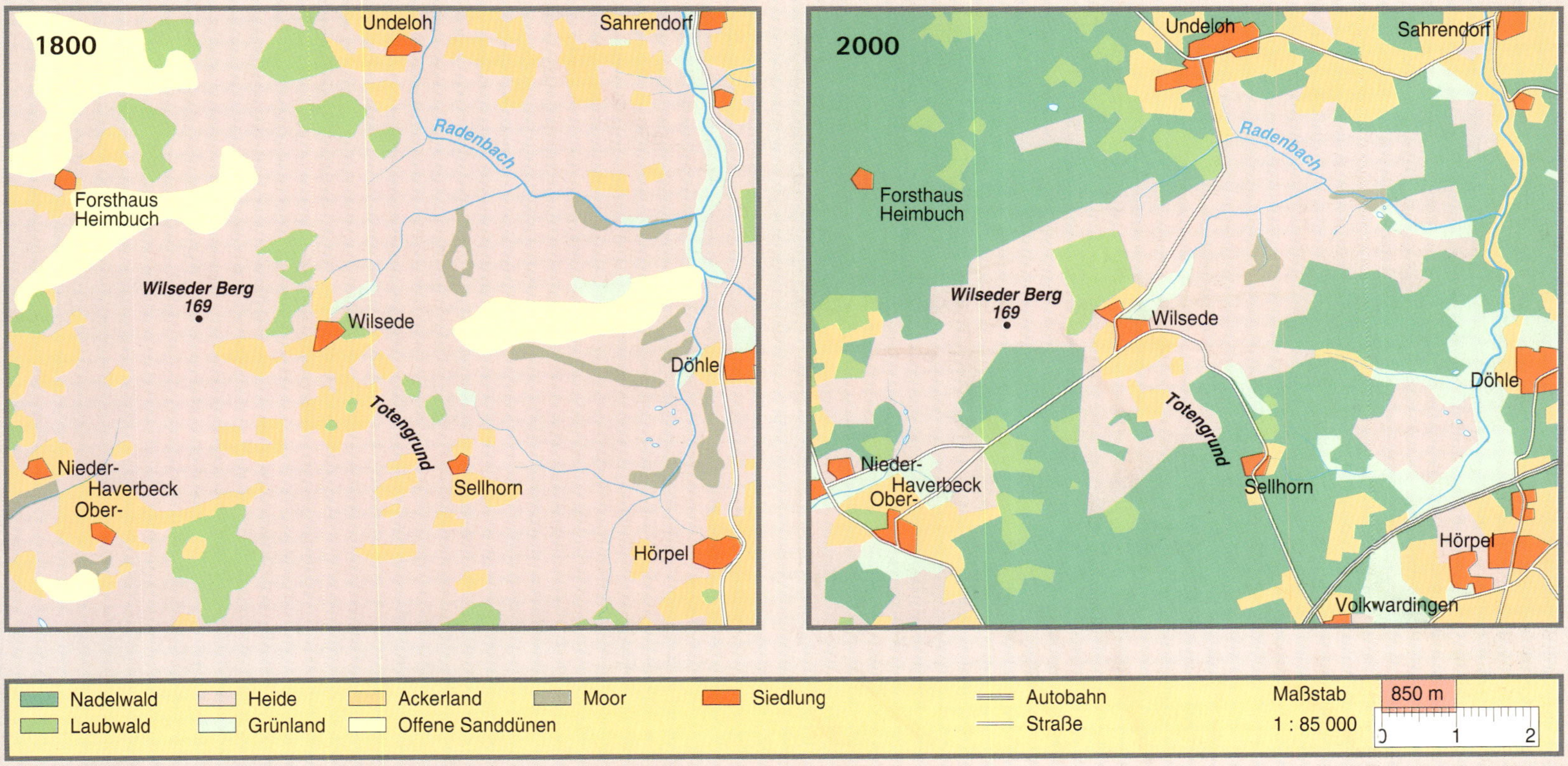

Der Raum der heutigen Lüneburger Heide ist eine von Menschen stark veränderte Landschaft. Vor 1 000 Jahren gab es hier Eichen- und Buchenwälder. Sie wurden abgeholzt, um Baumaterial und Brennstoff zu gewinnen. Neue Bäume wuchsen nicht nach, weil die Heidschnucken sie fraßen. Die niedrigen Heidesträucher breiteten sich aus. Langsam entstand eine ausgedehnte Heidelandschaft.
Vor etwa 200 Jahren wurden große Heideflächen mit Bäumen aufgeforstet und die Beweidung beendet. Auf anderen Flächen wurde der Boden mit Dünger verbessert und landwirtschaftlich genutzt. In kurzer Zeit verschwanden große Heideflächen.
Sie wären sicher bis heute ganz verschwunden, wenn nicht vor mehr als 100 Jahren interessierte Menschen Heideflächen aufgekauft hätten. Seit 1920 werden sie vom Verein „Naturschutzpark Lüneburger Heide" gepflegt und erhalten.

Heidschnucken

SPEZIAL

Buchweizen wurde früher auf abgebrannten Moorflächen am Rande der Heideflächen angebaut. Man nennt ihn „das Korn der Heide". Er ist aber keine Getreidesorte, sondern ein Knöterichgewächs und mit dem Rhabarber verwandt.
Die dreieckigen, dunkelbraunen Samen sehen ähnlich aus wie Bucheckern und schmecken wie Nüsse. Das Kraut wird zur Herstellung von Arzneimitteln verwendet.
Lange Zeit war der Buchweizen in Vergessenheit geraten. Seit wenigen Jahren wird er wieder angebaut. Wenn er blüht, duften die Felder und sehen aus wie mit rosa Schnee bedeckt.

Ihr könnt Buchweizen als Korn, Mehl, Schrot, Grieß, Grütze oder Flocken kaufen und zu vielen Gerichten verarbeiten, zum Beispiel zu Buchweizenwaffeln.

Buchweizenwaffeln

Ihr braucht dafür:
125 g Butter,
80 g Honig, 4 Eier,
1 Prise Salz,
gemahlene Nelken,
gemahlenen Kardamom,
200 g Buchweizenmehl,
1 Teelöffel Backpulver, 1/8 Liter Milch.

Bereitet aus den Zutaten einen Teig, lasst ihn eine Viertelstunde ruhen und backt ihn im vorgeheizten Waffeleisen.

Lüneburg, Rathaus

Lüneburg, Am Sande

Salzsieden früher

Im Jahr 956 wurde Lüneburg erstmals in einer Urkunde erwähnt. Die Siedlung bestand damals nur aus der Burg, einem Kloster und der Saline, wo Salz gewonnen wurde. Salz war damals das wichtigste Mittel, um Fleisch, Fisch und Gemüse haltbar zu machen. Es war wertvoll wie Gold. Durch die Salzgewinnung und den Salzhandel wurde Lüneburg reich. Vom Sod, dem Brunnen, wurde die Sole durch hölzerne Rinnen in die Siedehäuser geleitet, die den Sülfmeistern gehörten. Unter den Siedepfannen brannte Tag und Nacht Feuer.
Dazu wurden große Mengen Holz aus dem Gebiet der heutigen Lüneburger Heide verfeuert. Das Wasser verdampfte und das Salz blieb übrig. Es wurde in Säcke oder Holzfässer verpackt und in Speichern gelagert, bevor es auf Planwagen oder Schiffen in ferne Städte oder Länder transportiert wurde. Über den Ostseehafen Lübeck gelangte es zum Beispiel bis nach England, Skandinavien und Russland. Es machte die Lüneburger Bürger reich. Diesen Reichtum erkennt man noch heute an den prächtigen Giebeln der Häuser. Am eindrucksvollsten sieht man sie in der Straße „Am Sande".

SPEZIAL

Die Sage von der Lüneburger Salzsau

Vor mehr als tausend Jahren verfolgten Jäger in den Wäldern nahe der heutigen Stadt Lüneburg eine Wildsau. Die Sau konnte ihnen entkommen. Aber die Jäger gaben nicht auf. Bei ihrer Suche fanden sie die Sau – von der Sonne beschienen, schlafend neben einer Suhle.
Die Jäger waren erstaunt, denn die Sau war nicht mehr grauschwarz wie bisher, sondern größtenteils weiß. Sie töteten die Sau und kamen damit dieser Veränderung auf die Spur. Sie entdeckten viele Salzkörner zwischen den Borsten. Die Sau hatte die Jäger an eine Stelle geführt, an der salzhaltiges Wasser, die Sole, aus der Erde quoll. Das Wasser war verdunstet und das Salz auf dem Körper zurückgeblieben. Es ließ die Sau weiß aussehen.

Im Rathaus der Stadt Lüneburg wird heute noch der Knochen einer Sau in einem Glaskasten gezeigt als Dank für die Entdeckung des Salzvorkommens und zur Erinnerung an die Sage.
Weithin bekannt wurde die „Salzsauparade" der Stadt im Jahr 2000. Künstler schufen mehr als 150 lebensgroße, fantasievoll gestaltete Sauen als Beitrag für die Weltausstellung EXPO in Hannover.

Das Wendland

Lübeln

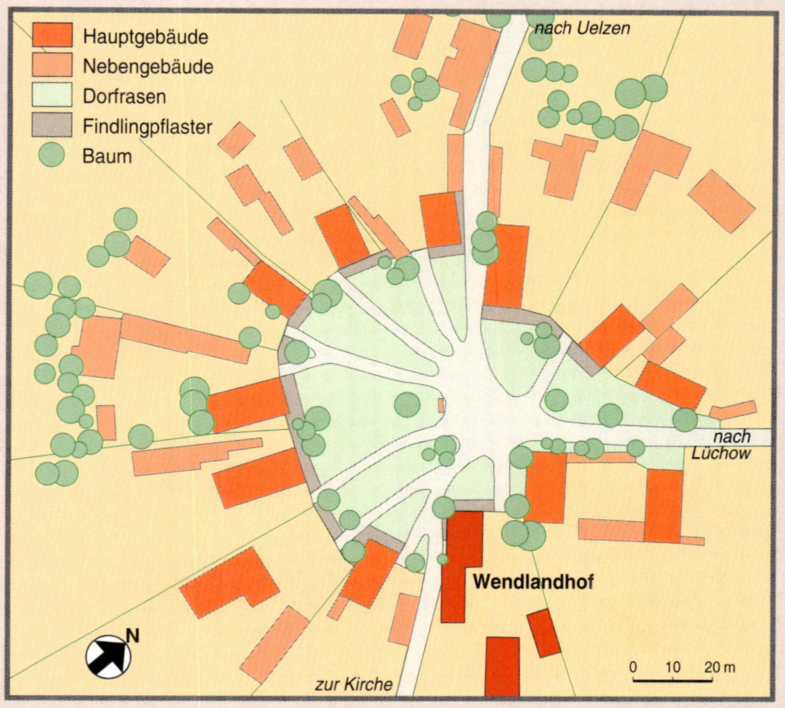

Der am weitesten nach Osten reichende Teil von Niedersachsen ist das Wendland. Es hat seinen Namen von den Wenden, einem slawischen Volksstamm. Die Wenden waren vor mehr als 1 000 Jahren in dieses Gebiet eingewandert. Es wird berichtet, dass sie fleißige und fröhliche Menschen waren. Sie brachten ihre Kultur und ihre Sprache mit.

Die wendische Sprache spricht seit mehr als 200 Jahren niemand im Wendland mehr. Ein Pastor schrieb damals: „Wenn die Teutschen einen hören Wendisch sprechen, haben sie mit Fingern auf ihn gewiesen und ihren Spott mit ihm getrieben." Nur die uns fremd klingenden Ortsnamen wie Meuchefitz, Salderatzen, Waddeweitz, Meetschow, Platenlaase, Dickfeitzen oder Mammoißel erinnern noch heute an die Wenden.

Das Wendland ist nach wie vor eine dünn besiedelte Landschaft. Es gibt fast keine Industrie und keine Großbetriebe hier.

Touristen können eine besondere Dorfform besichtigen, die es vor allem hier zu sehen gibt: den Rundling. In einem Rundling stehen sechs bis sechzehn Bauernhäuser dicht um einen fast runden Dorfplatz, der nur einen Zugang hat. Die Häuser haben keinen Vorhof oder Vorgarten. Die Hofeinfahrten sind sehr eng. Hinter den Bauernhäusern erweitern sich die Grundstücke. Hier stehen die Ställe und Scheunen, dahinter liegen die Hofwäldchen mit Eichen und Erlen.

Die Kirche und die Schule liegen außerhalb des Rundlings. Sie sind erst später dazugekommen. Es gibt keine schriftlichen Quellen, die etwas über Entstehung und Zweck der Rundlinge aussagen.

Elbaue

Reetgedecktes Haus

Im Wendland fließt die Elbe durch eine weite, ebene Landschaft mit Wiesen, Weiden, Hecken und Bäumen. Hier leben seltene Tiere und Pflanzen, deren Lebensräume geschützt und erhalten werden. Viele Künstler, die im Wendland leben und arbeiten, suchen hier Ruhe und ungestörte Natur. Sie zeigen ihre Werke in jedem Jahr bei Ausstellungen in der Zeit zwischen Himmelfahrt und Pfingsten bei der „kulturellen Landpartie".

Tierhaltung im Raum Weser / Ems

Bauernhof im Raum Vechta

Blick in einen Schweinestall

Maisfeld

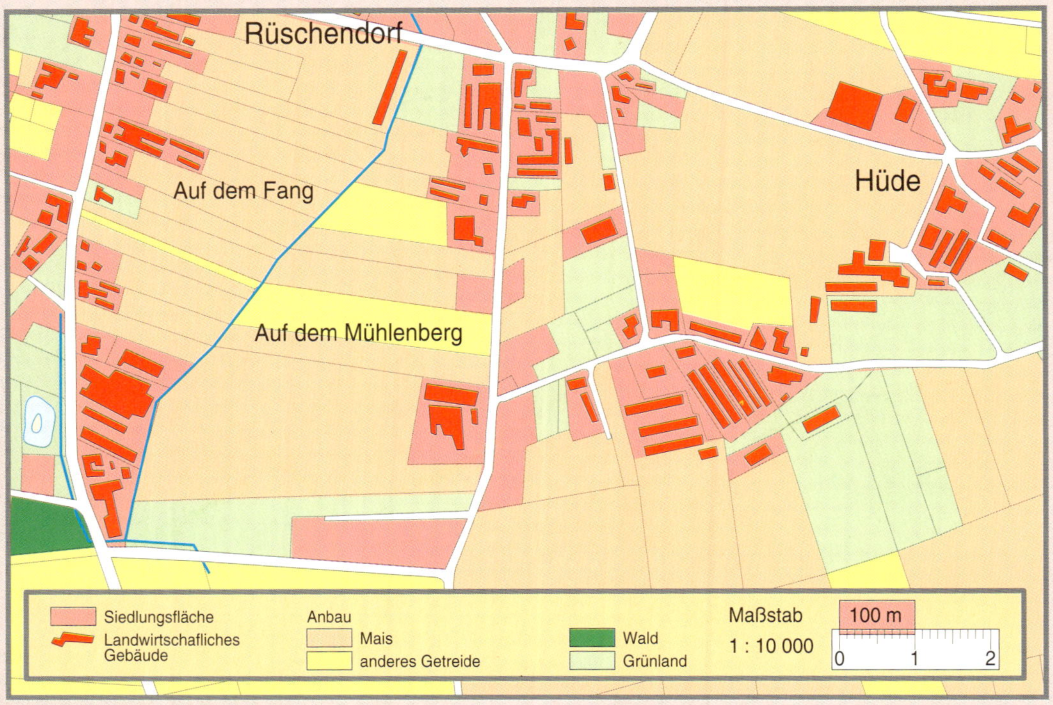

Im Raum Weser / Ems wird intensive Viehhaltung betrieben. Auf den weiten Äckern wird Getreide, vor allem Mais angebaut, der als Viehfutter dient. Das dort erzeugte Futter reicht aber zur Ernährung der vielen Tiere bei weitem nicht aus. Futtermittel werden von weit her angeliefert. Später werden die Tiere zur Schlachtung über weite Strecken abtransportiert.

Wenn Tiere in großer Zahl in den Ställen gehalten werden – man nennt das Massentierhaltung – sind sie anfällig für Krankheiten. Es können Seuchen ausbrechen, sodass ganze Bestände getötet werden müssen.

1. Beschreibt mit Hilfe der Karte die landwirtschaftliche Nutzung zwischen Rüschendorf und Hüde.

SPEZIAL

In den großen Ställen stehen die vielen Tiere nicht auf Stroh, sondern auf einem Spaltenboden. Tierkot und Harn fließen durch die Spalten ab, werden mit Wasser vermischt und in Silos gepumpt. Dieser Flüssigmist, die Gülle, ist ein hochwertiger Dünger. Bei uns wachsen Pflanzen im Freiland nur im Frühjahr, im Sommer und im Herbst. Nur in dieser Zeit dürfen die Landwirte die Gülle auf die Äcker und das Grünland ausbringen. Aus Schleppschläuchen rinnt die Gülle direkt an die Pflanzen. Es darf aber nur die Menge Gülle ausgebracht werden, die aufgenommen werden kann. Zu viel Gülle schadet den Pflanzen und dem Boden. Ein Teil davon gelangt in das Grundwasser, wenn die Felder mit Gülle überdüngt sind. Das Grundwasser wird belastet.

Das Emsland

Schiffbare Ems

Naturbelassene Ems

Die Ems fließt in vielen Windungen durch das Land. Für größere Schiffe war sie an vielen Stellen nicht geeignet. Deshalb wurde sie teilweise begradigt und eingedeicht. Südlich von Meppen wurde vor mehr als 100 Jahren der Dortmund-Ems-Kanal gebaut.

Die naturbelassene Ems fließt durch eine reizvolle Landschaft. Erholungssuchende können hier wandern, Rad fahren, paddeln, segeln, surfen, angeln, reiten und mit dem Planwagen fahren.

Meyer Werft

Transrapid

In Papenburg gab es in der Mitte des 19. Jahrhunderts 24 Werften. Davon ist nur noch eine geblieben. Die Meyer Werft ist weit über Deutschland hinaus bekannt. Hier werden Fracht- und Passagierschiffe gebaut und über die Ems in die Nordsee geschleppt.

In der Nähe von Lathen und Dörpen befindet sich die Versuchsanlage der Magnetschwebebahn „Transrapid". Die Strecke ist 31,5 km lang. Die Züge fahren über 400 Kilometer pro Stunde. Besucher können die Anlage besichtigen.

Tiefpflug

Emsland heute

Jahrhundertelang war das Emsland eine öde Heide- und Moorlandschaft und nur dünn besiedelt. Die Menschen waren sehr arm. Sie züchteten Heidschnucken, bauten Buchweizen an und stachen Torf, den sie als Brennmaterial nutzten.
Im Jahre 1950 brachte das Emsland-Programm eine Verbesserung für die Menschen. Die weiten Flächen des Bourtanger Moores wurden entwässert und mit dem Tiefpflug nutzbar gemacht. Es entstanden Acker- und Grünland, Straßen, Industrie- und Gewerbegebiete. Moore gibt es kaum noch.

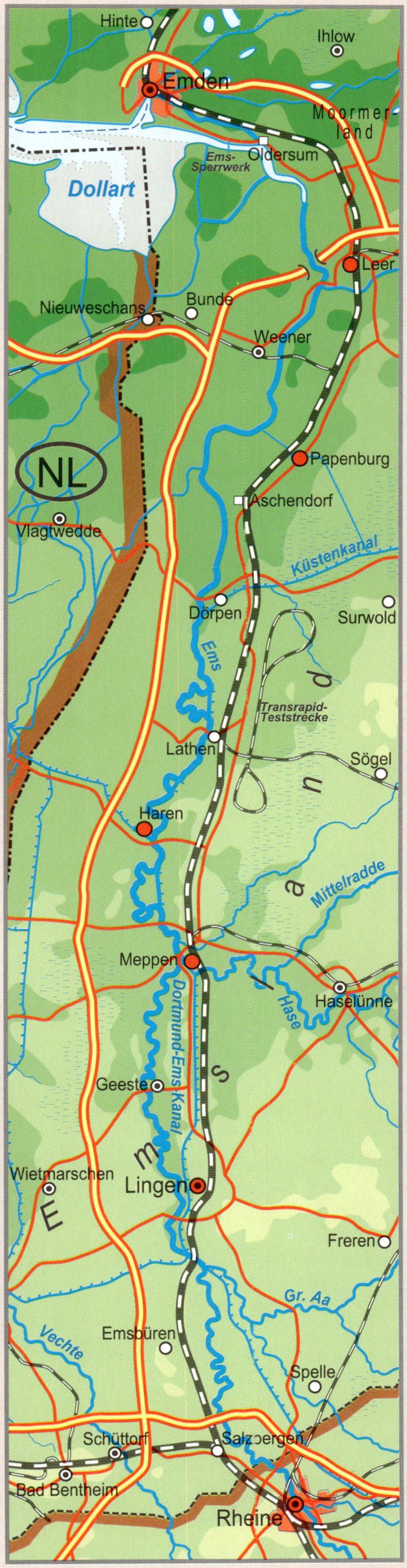

Südliches Niedersachsen

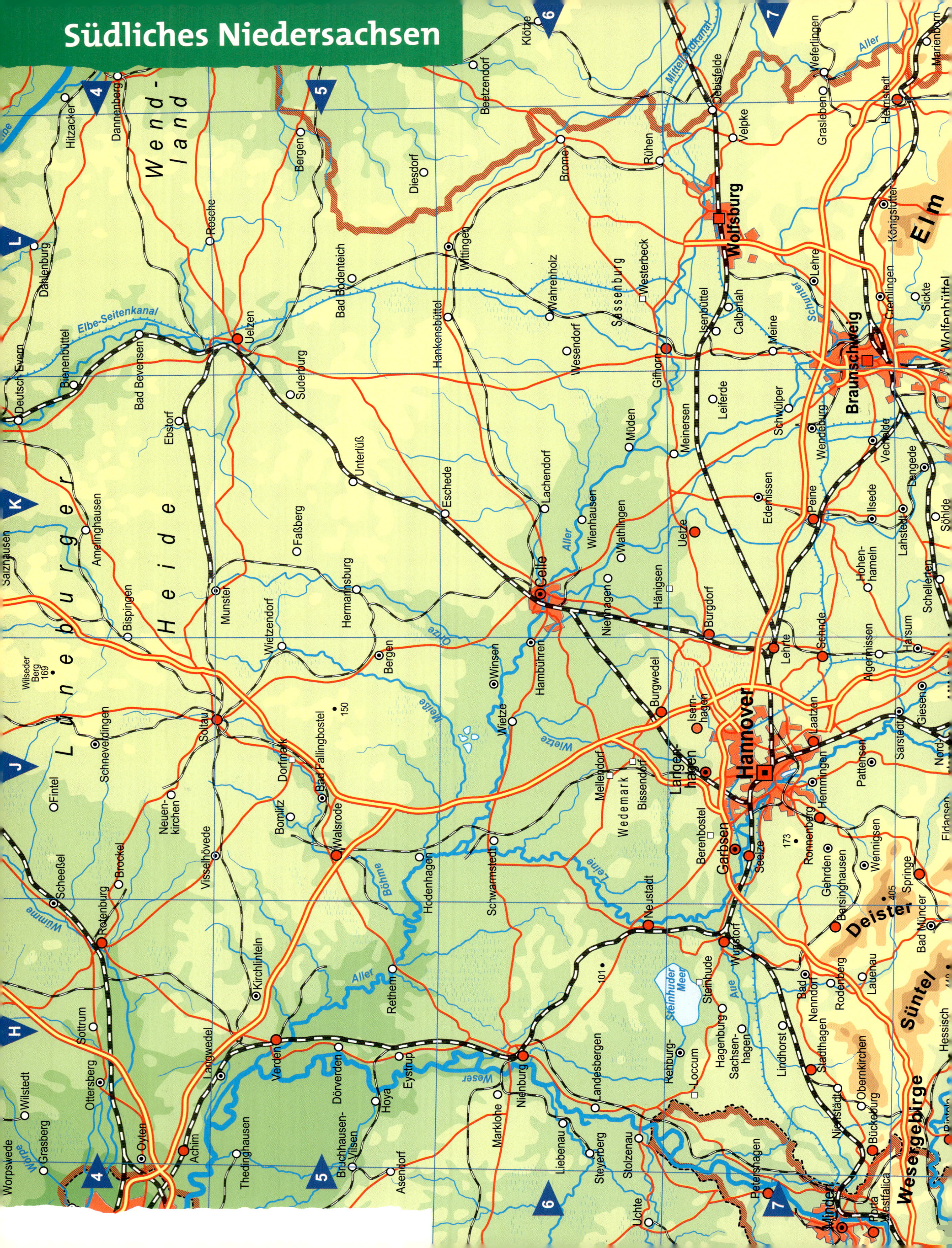

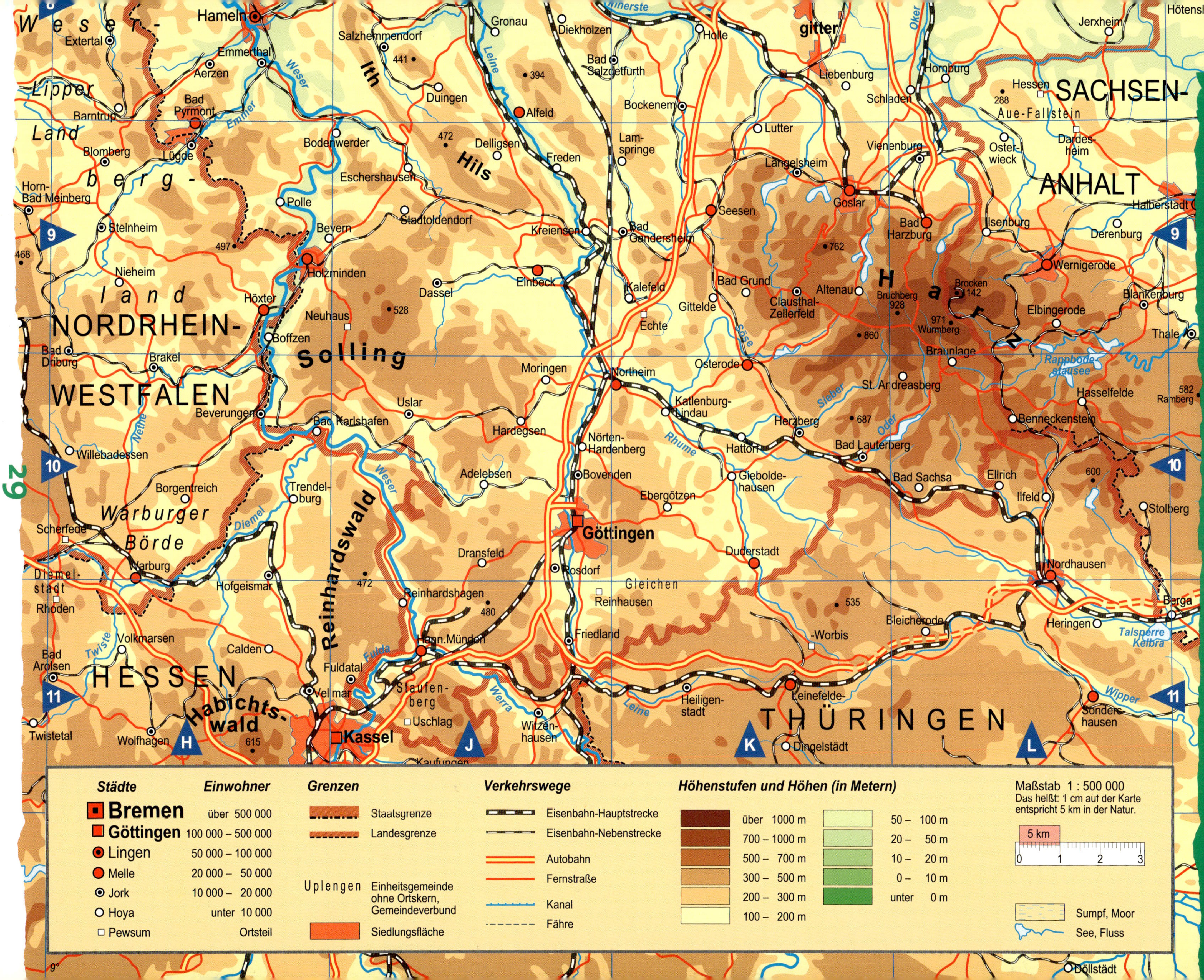
Städte
Einwohner
Bremen über 500 000
Göttingen 100 000 – 500 000
Lingen 50 000 – 100 000
Melle 20 000 – 50 000
Jork 10 000 – 20 000
Hoya unter 10 000
Pewsum Ortsteil
Grenzen
Staatsgrenze
Landesgrenze
Uplengen Einheitsgemeinde ohne Ortskern, Gemeindeverbund
Siedlungsfläche
Verkehrswege
Eisenbahn-Hauptstrecke
Eisenbahn-Nebenstrecke
Autobahn
Fernstraße
Kanal
Fähre
Höhenstufen und Höhen (in Metern)
über 1000 m
700 – 1000 m
500 – 700 m
300 – 500 m
200 – 300 m
100 – 200 m
50 – 100 m
20 – 50 m
10 – 20 m
0 – 10 m
unter 0 m
Maßstab 1 : 500 000
Das heißt: 1 cm auf der Karte entspricht 5 km in der Natur.
5 km
0 1 2 3
Sumpf, Moor
See, Fluss
SACHSEN-ANHALT
NORDRHEIN-WESTFALEN
HESSEN
THÜRINGEN
Harz
Solling
Reinhardswald
Habichtswald
Hils
Ith
Warburger Börde
Lipper Land
Weserbergland
Göttingen
Kassel
Hameln
Goslar
Nordhausen
Wernigerode
Northeim
Osterode
Einbeck
Holzminden
Höxter
Seesen
Alfeld
Duderstadt
Hann. Münden
Warburg
Leinefelde-Worbis
Sondershausen
Brocken 1142
Weser
Leine
Werra
Fulda
Diemel
Oker
Rhume
Wipper
9
10
11
H
J
K
L

Die Börde

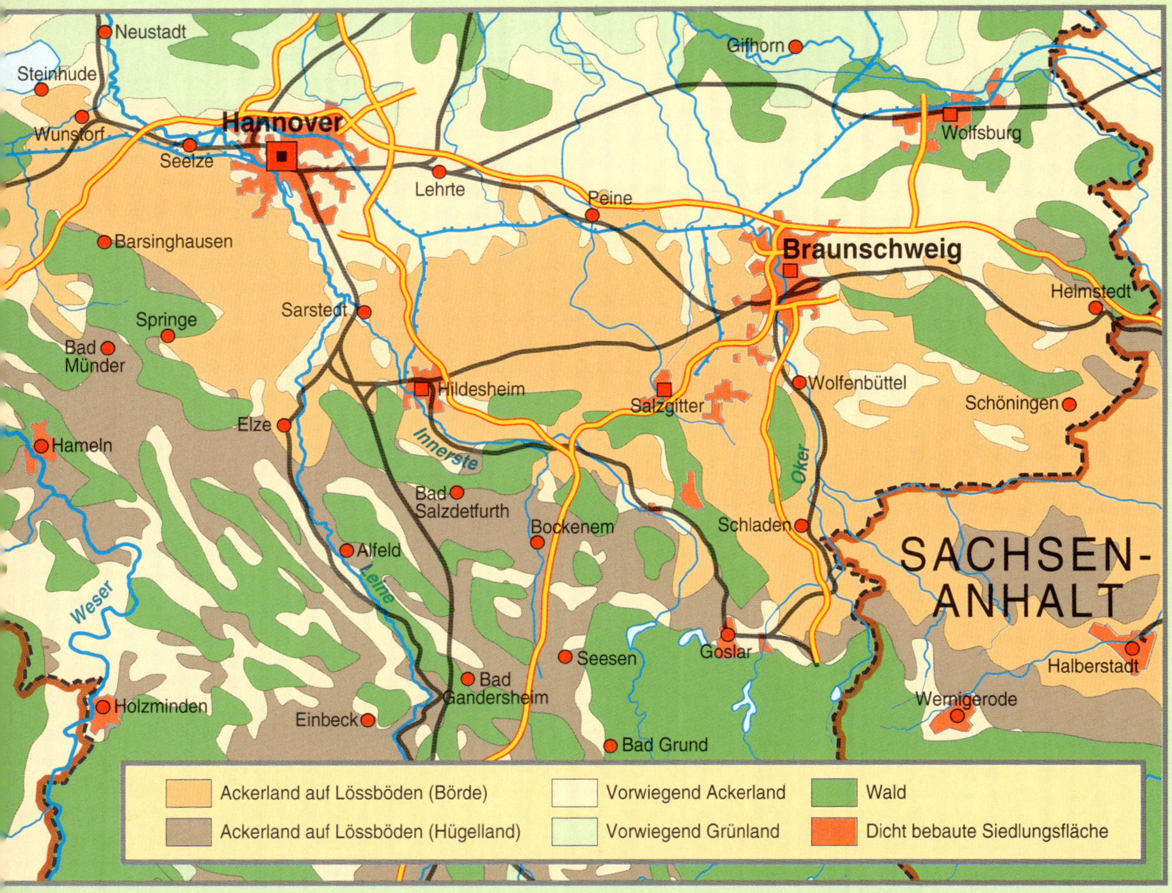

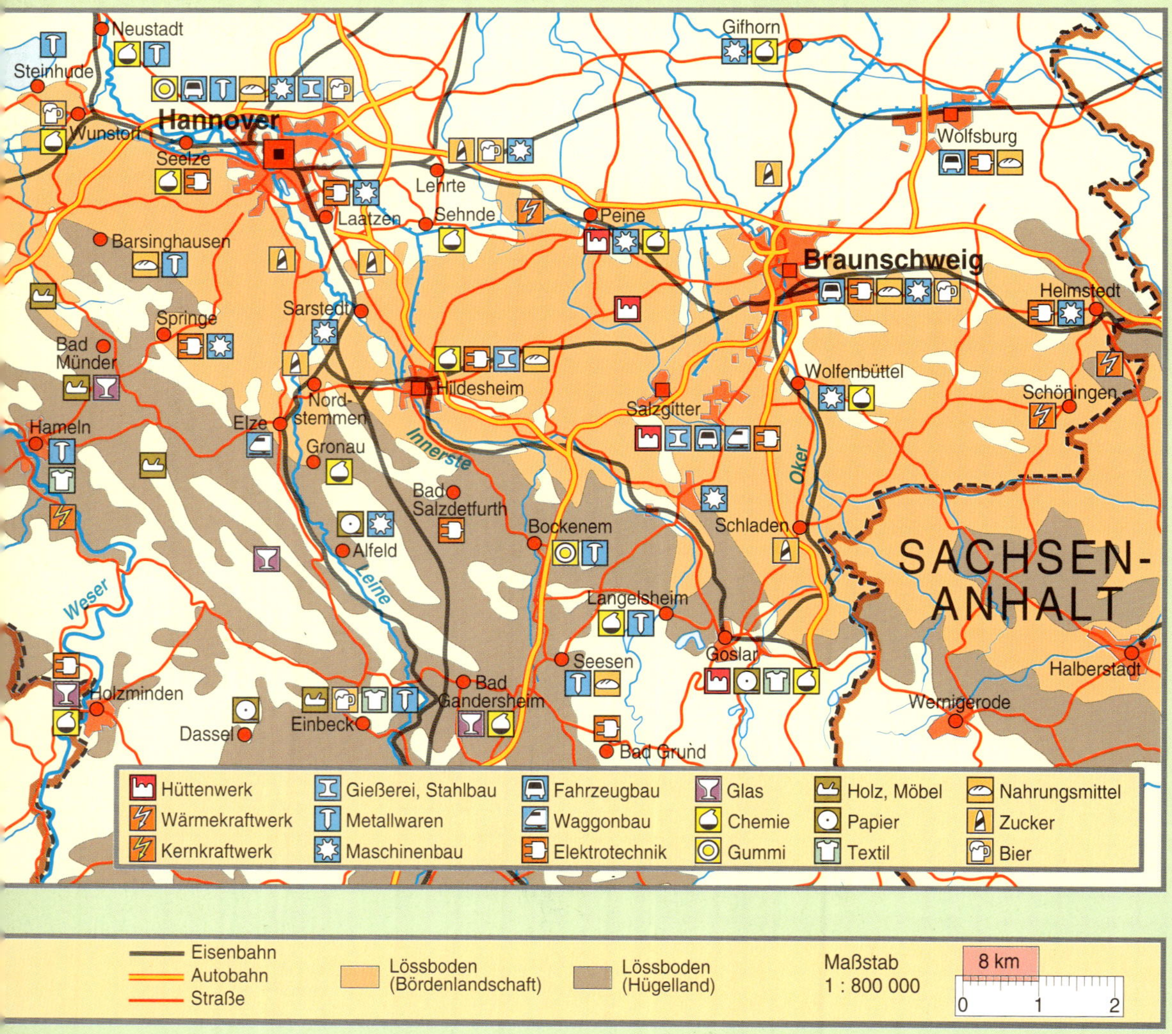

In Niedersachsen wird fast überall Landwirtschaft betrieben. Quer durch Niedersachsen zieht sich eine Landschaft, in der besonders große Ernten erzielt werden: die Lössbörde. Löss ist eine Bodenart, die während der letzten Eiszeit entstand. Die Löss-Schicht ist reich an Nährstoffen und hält die Feuchtigkeit gut. Es regnet in der Lössbörde genügend und ist auch warm genug. So gedeihen anspruchsvolle Pflanzen wie Zuckerrüben, Weizen und Gerste gut.

In der Börde wird fast nur Ackerbau betrieben. Auf den ausgedehnten Ackerflächen werden große leistungsfähige Maschinen eingesetzt, die den Landwirten die Arbeit erleichtern.

Jede Pflanze entnimmt dem Boden bestimmte Nährstoffe. Deshalb muss man Zuckerrüben, Weizen und Gerste im jährlichen Wechsel anbauen und diese Fruchtfolge alle drei Jahre wiederholen.

1. Erklärt, warum sich die Börde für den Anbau anspruchsvoller Pflanzen eignet.

Die Ernteerträge werden zum Teil gleich in nahe gelegenen Mühlen, Zuckerfabriken und Konservenfabriken verarbeitet. Die in der Landwirtschaft und Nahrungsmittelindustrie benötigten Geräte und Maschinen werden häufig in nahen Maschinenbaubetrieben hergestellt. Die dazu benötigten Bleche und andere Stahlerzeugnisse können aus den Walz- und Stahlwerken im Raum Peine und Salzgitter bezogen werden.

Die Lössbörde ist schon lange ein bedeutender Wirtschaftsraum in Niedersachsen. Hier leben viele Menschen, liegen die großen Städte und wichtigen Verkehrswege.

In den Städten und größeren Orten gibt es viele Dienstleistungsunternehmen. Das sind beispielsweise Verwaltungen, Banken, Arztpraxen und Hotels, aber auch kulturelle Einrichtungen wie Theater, Museen und Schulen.

2. Findet heraus, an welchen Standorten es Nahrungsmittelindustrie und Maschinenbau gibt.
3. Nennt die großen Städte der Börde.
4. Welche Verkehrswege findest du auf der Karte?

Wandel in der Landwirtschaft

In der Landwirtschaft hat sich in den letzten Jahrzehnten viel verändert. Früher arbeiteten viele Menschen auf dem Bauernhof und erledigten in schwerer Handarbeit, was jetzt Maschinen in viel kürzerer Zeit schaffen.
Damals pflügte der Bauer mit dem Pferdegespann, säte mit der Hand aus, hackte den Boden gegen Wildkräuter, schnitt das Korn mit der Sense und lud die Feldfrüchte mit der Forke auf den Wagen.
Heute stehen auf den Höfen teure Traktoren, Sä- und Pflanzmaschinen, Mähdrescher, Packenpressen, Vollernter für Rüben und Kartoffeln und Maishäcksler. Die Landwirte brauchten viele große Flächen, damit sich die Anschaffung dieser Maschinen lohnt. Oft müssen sie Äcker hinzupachten, weil sie nicht genügend eigenes Land haben.
Die Verbraucher möchten möglichst preisgünstig einkaufen. Deshalb müssen Landwirte vor allen Dingen Eier und Fleisch zu niedrigen Preisen anbieten. Das können sie nur, wenn sie in ihren Ställen viele Tiere der gleichen Tierart halten und mit wenigen Arbeitskräften versorgen.
Immer mehr Verbraucher wollen jedoch keine Lebensmittel mehr kaufen, die in Massentierhaltung billig erzeugt worden sind. Sie kaufen Fleisch- und Wurstwaren und Eier bei einem Ökobauern direkt auf dessen Hof oder an seinem Stand auf dem Wochenmarkt. Sie bevorzugen diese teureren Waren, weil auf einem Ökohof Tiere artgerecht gehalten werden und Futter bekommen, das weitgehend aus ökologischem Anbau stammt.
Für viele landwirtschaftliche Betriebe reichen die Einkünfte aus dem Ackerbau und der Viehzucht nicht aus. Deshalb haben sich manche Landwirte und ihre Familien entschlossen, Zimmer zu vermieten. Sie lassen die Gäste erleben, wie man auf einem Bauernhof lebt und arbeitet. Für die Gäste, vor allem deren Kinder, werden Tiere angeschafft, die sonst nur noch selten auf einem Bauernhof zu finden sind: Schafe, Ziegen, Esel, Enten, Gänse und Kaninchen.
Da das Reiten bei Kindern besonders beliebt ist, werden auf vielen Ferienhöfen Ponys und Pferde gehalten.

1. Erklärt mit Hilfe der Bilder den Wandel in der Landwirtschaft.

Pflügen früher

Pflügen heute

Getreideernte früher

Getreideernte heute

Rübenernte früher

Rübenernte heute

Kinder auf einem Bauernhof

Wolfsburg

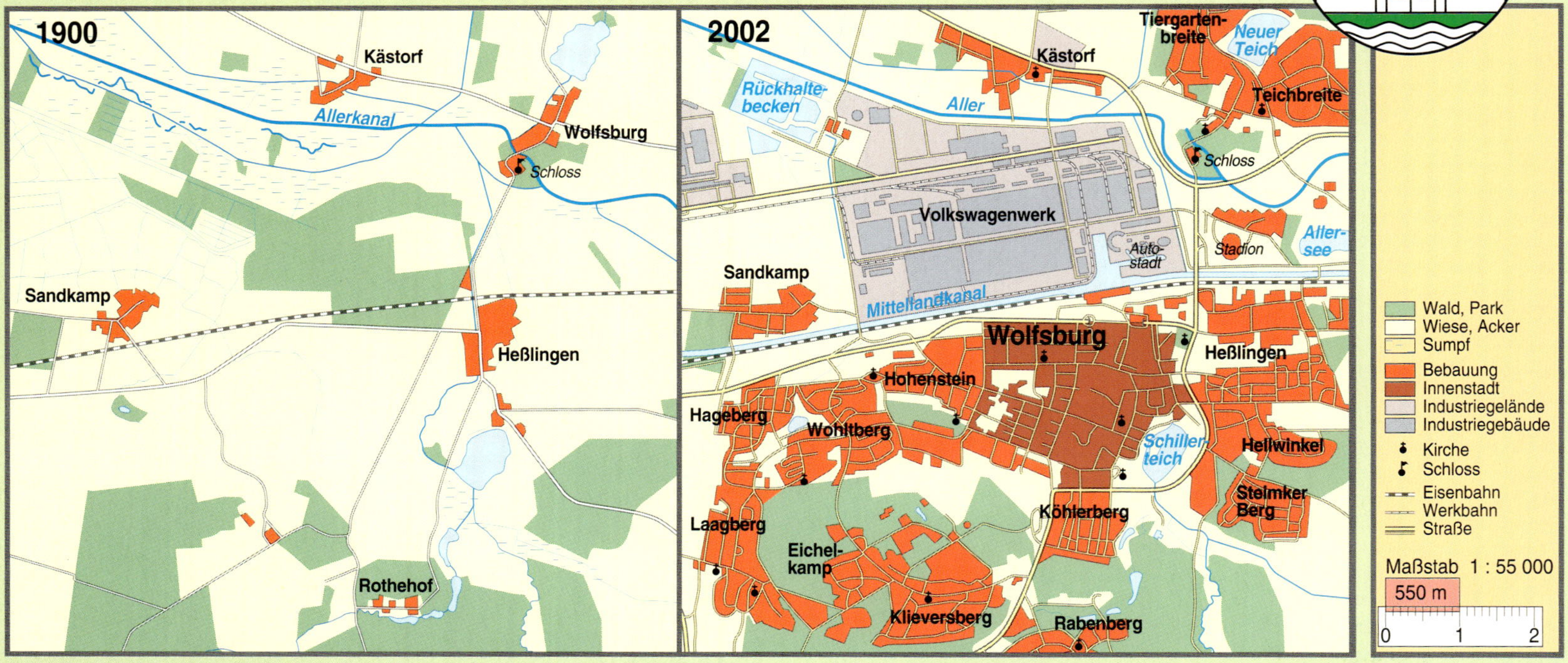

Die Entstehung der Stadt Wolfsburg

Wolfsburg ist eine junge Stadt. Bei der Suche nach dem Standort für ein großes Automobilwerk sprach vieles für diese Region. Sie lag mitten in Deutschland und es gab bereits ausgebaute Verkehrswege: die Eisenbahnlinie Köln–Berlin, die Autobahn Hannover–Berlin und den Mittellandkanal. Außerdem waren in der Nähe die Salzgitter-Werke als Stahllieferanten.

Autoproduktion früher

Autoproduktion heute

VW-Käfer von 1937

Golf aus Wolfsburg

Im Jahr 1938 erfolgte auf einem Acker die Grundsteinlegung für das Volkswagenwerk und die Volkswagenstadt. Später erhielt die Stadt den Namen Wolfsburg nach der in der Nähe gelegenen Wasserburg „Wolfsburg". Innerhalb von 30 Jahren machte die Stadt eine rasante Entwicklung durch. Aus einer Barackensiedlung entstand eine moderne Stadt mit inzwischen mehr als 130 000 Einwohnern. Dieses Wachstum verdankt Wolfsburg dem Volkswagenwerk.

In Deutschland herrschten zwischen 1933 und 1945 die Nationalsozialisten. Während dieser Zeit sollte ein Auto gebaut werden, das einfach und preiswert war. Der Autokonstrukteur Ferdinand Porsche entwickelte den ersten Volkswagen, der 1941 vom Band lief. Die Serienproduktion begann nach Ende des Zweiten Weltkrieges. Der Käfer gehört zu den meistverkauften Autos der Welt. Bis zum Jahr 1974 wurden mehr als 15 Millionen Käfer verkauft. Immer mehr Menschen konnten sich ein Auto kaufen und die Produktion musste ständig erhöht werden. Das Volkswagenwerk in Wolfsburg wurde immer wieder erweitert und ausgebaut. Heute gehört es zu den größten Automobilwerken Europas.
Auch die Herstellung der Fahrzeuge veränderte sich rasant. Heute überwiegen elektronisch gesteuerte Automaten und Roboter. Verschiedene Bauteile schweben an Transportsystemen von einer Station zur nächsten. Ein Steuerungssystem garantiert das pünktliche Zusammentreffen aller Bauteile am Montageband. Aus vielen Einzelteilen entsteht so das Auto.
Durch den technischen Fortschritt können immer mehr Autos mit immer weniger Arbeitskräften produziert werden. Das Volkswagenwerk ist aber immer noch der größte niedersächsische Arbeitgeber. Zahlreiche Ingenieure entwerfen und testen Automodelle für die Zukunft in Wolfsburg. Es werden neue Motoren entwickelt, die mit Bio-Diesel aus Rapsöl laufen oder einen Elektroantrieb haben.

1. Nennt Gründe für die Auswahl des Standortes Wolfsburg.
2. Vergleicht die beiden Karten und beschreibt die Veränderungen.

Jeden Tag können im Volkswagenwerk Wolfsburg mehr als 3 000 Fahrzeuge der Modelle Golf, Bora oder Lupo vom Band laufen. Die Produktion der Autos in Wolfsburg verteilt sich auf dem Werkgelände auf mehrere Teilfabriken mit genau abgestimmten Aufgaben. Außerdem stellt das Werk Wolfsburg für andere Volkswagenwerke Teile her, beispielsweise Antriebswellen.
Die Pressen verarbeiten jeden Tag rund 1 500 Tonnen Stahlblech zu 450 000 Blechformteilen. Mehr als 4 000 Punktschweißverbindungen, Laserschweißnähte, Klebe- und Kaltverbindungen verleihen jeder Karosserie ihre Festigkeit.
Der Bedarf des Werkes an Material ist sehr hoch. Nicht alle Teile, die für den Bau eines Fahrzeugs notwendig sind, werden in Wolfsburg hergestellt. Es ist daher eine besondere Aufgabe, dass das richtige Material oder Teil zur richtigen Zeit am richtigen Ort ist. So werden beispielsweise für den Golf etwa 28 000 Teile von außen herangeschafft. Etwa 1 400 Firmen liefern ihre Erzeugnisse jeden Tag mit rund 550 Eisenbahnwaggons und vielen Lastwagen ins Werk. Das geschieht überwiegend nachts, um den Verkehr tagsüber zu entlasten. Auf der Westseite des Werkgeländes entstand dafür ein großes Güterverkehrszentrum.
Nachdem ein Fahrzeug fertiggestellt ist, kommt es zum Verladebahnhof oder zur Fahrzeugauslieferung. Die meisten Volkswagen treten ihre erste größere Reise per Bahn an.
Täglich verlassen 110 Doppelstockwaggons mit rund 2 400 Fahrzeugen den Werkbahnhof Wolfsburg. Der weitaus geringere Teil wird mit Autotransportern zu den Händlern gebracht.

Am 1. Juni 2000 wurde in Wolfsburg die *Autostadt* eröffnet, deren zwei gläserne Autotürme schon von weitem als neues Wahrzeichen zu erkennen sind. Über ein unterirdisches Tunnelsystem werden täglich bis zu 1000 Neuwagen aus der Produktion in diese Türme transportiert. In der *Autostadt* können Kunden ihr neu gekauftes Auto über ein neuartiges Auslieferungssystem direkt am Werk persönlich übernehmen. Dabei können sie wie die anderen Besucher in der *Autostadt* modernste Technik in ganz neuer Form entdecken und eine faszinierende Entdeckungsreise in die Welt des Automobils unternehmen. Hier kann man sich informieren über die Entwicklungsgeschichte des Autos, über die einzelnen Marken in den Markenpavillons oder man kann sich an Computersimulatoren aktiv mit der Autotechnik auseinander setzen.

Autostadt

In der *KinderWelt* können Kinder spielerisch technische Einzelheiten erkunden. Eine besondere Attraktion ist der *Gläserne Motor* mit zwölf Metern Höhe, in dem sich die Kinder auf vier Ebenen bewegen können. In der *WerkStadt* genannten Bastelhalle können aus Styropor, Pappe und Holz Brummis mit Gummimotor, Raketenwagen mit Ballonantrieb oder Solarmobile gebaut werden. Schüler und Schülerinnen können hier eigene technische Lösungen ausprobieren und überlegen, was alles bedacht werden muss, wenn man mobil sein will.
Es gibt auch eine Teststrecke, auf der die Kinder ihre selbst gebastelten Flitzkisten ausprobieren können.

Kinder in der WerkStadt

Die Landeshauptstadt Hannover

Das Landtagsgebäude

Das Neue Rathaus

Das Landesmuseum

Herrenhäuser Gärten

Regenwaldhaus

Das Land Niedersachsen wurde im Jahre 1946 aus den Ländern Hannover, Braunschweig, Oldenburg und Schaumburg-Lippe gebildet. Hannover ist die Landeshauptstadt von Niedersachsen und damit das Verwaltungszentrum. Hier befinden sich die Landesregierung, ihre Ministerien und der Landtag. Die Landtagsabgeordneten tagen im Leineschloss, dem Landtagsgebäude. An der Spitze der Landesregierung, die für die Durchführung der Gesetze sorgt, steht die Ministerpräsidentin oder der Ministerpräsident. Sie oder er wird vom Landtag gewählt und ernennt die Ministerinnen und Minister.

Im Zweiten Weltkrieg war Hannover stark zerstört worden. Nach 1946 wurde die Stadt großzügig wieder aufgebaut. Es entstand ein bedeutendes Einkaufszentrum in einer modernen City mit vielen Fachgeschäften, großen Warenhäusern und überdachten Ladenstraßen. Viele Menschen aus der Stadt und aus dem Umland kaufen hier täglich ein. Unter der Bahnhofsstraße befindet sich die Passerelle, eine unterirdische Einkaufsstraße, die zum Bahnhof führt.

Die Stadt ist auch ein Bildungs- und Kulturzentrum mit der Universität, der Medizinischen und der Tierärztlichen Hochschule und der Hochschule für Musik und Theater. Auch gibt es zahlreiche Museen, Theater und Bibliotheken.

Hannover bietet der Bevölkerung viele Sport- und Naherholungsflächen. Hier sind zu nennen der Maschsee, der Sportpark mit dem Niedersachsen-Stadion, der Stadtwald Eilenriede, der Zoo, der Tiergarten und die Herrenhäuser Gärten. Um den zahlreichen Besuchern der Weltausstellung EXPO ein attraktives Rahmenprogramm bieten zu können, wurde der Zoo umgestaltet und erhielt viele neue Attraktionen.

Auch die Herrenhäuser Gärten locken mit ihren wunderschönen Anlagen viele Besucher an. Im Orangeriegarten kann man Orangen- und Zitronenbäume bewundern, die wie Figuren auf einem Schachbrett angeordnet sind. Ein weiterer Anziehungspunkt ist hier das neu entstandene Regenwaldhaus.

Messehallen

Hannover ist weltweit als Messestadt bekannt. Jedes Jahr finden hier viele Fachmessen und Ausstellungen statt. Auf den Messen werden neue Erzeugnisse gezeigt und verkauft. Die bedeutendsten sind die Computermesse CeBIT und die Hannover Messe für Industrieprodukte. Während der CeBIT kommen bis zu 140 000 Besucher pro Tag. Pro Jahr kommen insgesamt über 2 Millionen Messebesucher.

Seit dem Jahr 2000 gibt es am Messegelände einen eigenen Bahnhof. Während der großen Messen halten die ICE-Fernzüge dort, sodass die Messebesucher direkt am Ziel aussteigen können. Besucher, die mit dem Flugzeug anreisen, können direkt mit der neuen S-Bahn vom Flughafen in Langenhagen zum Messebahnhof fahren.

SPEZIAL

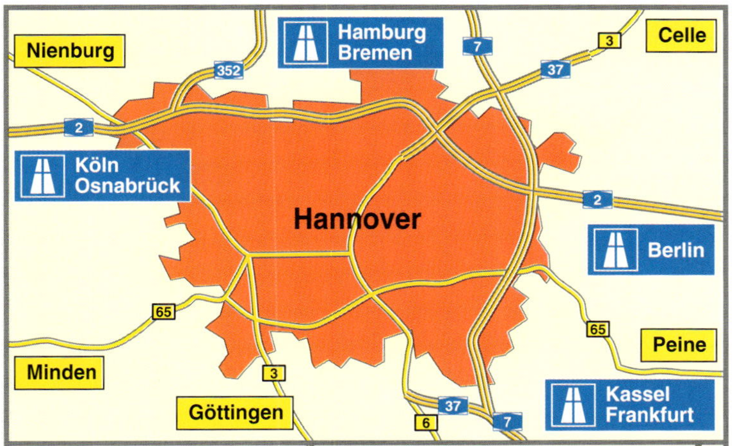

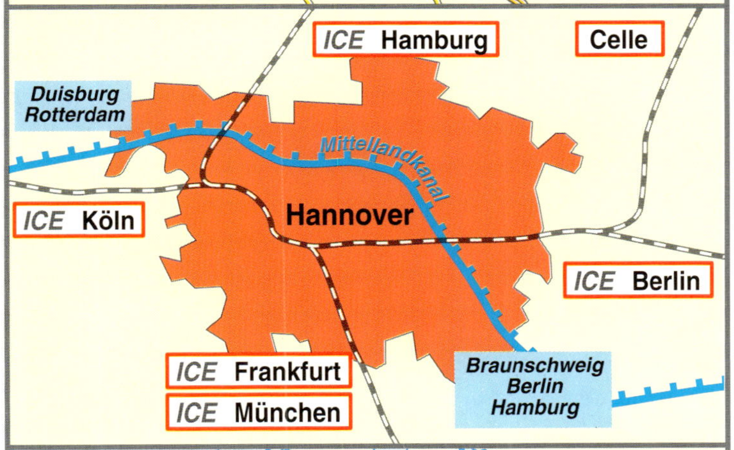

Verkehrsknotenpunkt Hannover

Hannover ist aus allen Himmelsrichtungen über verschiedene Verkehrswege und Verkehrsmittel zu erreichen. In Hannover kreuzen sich wichtige Verkehrswege in Nord-Süd- und Ost-West-Richtung, zum Beispiel die Autobahnen A 2 und A 7. Hannover wird deshalb als Verkehrsknotenpunkt bezeichnet.

1. Schau auf den Karten auf den Seiten 4/5 und 50/51 nach, welche Städte an der A 2 und A 7 liegen.

Der hannoversche Hauptbahnhof ist einer der verkehrsreichsten Bahnhöfe in Deutschland. Alle Hauptstrecken in Nord-Süd- und Ost-West-Richtungen, die die großen Städte in Deutschland miteinander verbinden, führen über Hannover. Mit den schnellen Intercity-Express (ICE)-Zügen sind diese Städte in wenigen Stunden zu erreichen.

Auf dem Mittellandkanal können große Mengen an Rohstoffen, Werkteilen oder Fertigwaren transportiert werden. Es gibt drei Häfen, in denen Binnenschiffe be- und entladen werden. Bekannt ist auch die Hindenburg-Schleuse im Westen der Stadt. Dort werden die Schiffe in der Schleusenkammer über 14 Meter gehoben oder abgesenkt.

In Langenhagen im Norden von Hannover gibt es einen internationalen Flughafen. Hier starten und landen Flugzeuge aus aller Welt. Besonders während der großen Messen landen und starten hier viele Passagiermaschinen, um Besucher zur Messe und dann wieder zu ihrem Heimatort oder in ihr Heimatland zu bringen.

Braunschweig

Durchqueren eines Flusses an einer Furt

Früher war die Oker für die Kaufleute, die ihre Waren auf Pferdewagen transportierten, ein großes Hindernis, denn es gab noch keine Brücken. Der Fluss wurde deshalb an flachen Stellen, den Furten, direkt durchquert. Das Durchfahren des Flusses war nicht nur wegen des reißenden Wassers gefährlich. Räuber nutzten die Gelegenheit, um die Kaufleute zu überfallen. Deshalb nutzten viele die Furt, an der die Burg Dankwarde und ein Kloster standen. Dort schützte der Burgherr die Kaufleute, die sich vor etwa 1 000 Jahren dann ansiedelten.

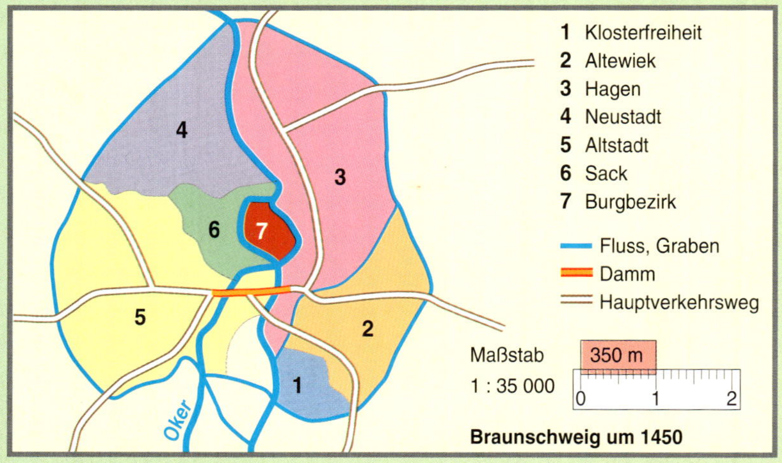

Diese erste Siedlung Altewiek entstand als Stapel- und Umschlagplatz für Waren. Später gründeten Kaufleute eine Marktsiedlung auf einem höher gelegenen Gebiet auf der anderen Seite der Oker. Hundert Jahre später hatte diese Kaufmanns- und Handwerkersiedlung mit Namen Altstadt die Siedlung Altewiek an Bedeutung überholt. Die günstige Lage der Marktsiedlung an der Kreuzung mehrerer Fernstraßen veranlasste Heinrich den Löwen (1142-95) , Herzog von Sachsen, in Braunschweig seine Residenz auszubauen. Von hier aus regierte er den Nordosten des Landes.

Zum Zeichen seiner Macht nannte der Herzog sich Heinrich der Löwe und ließ sich das Standbild des Löwen auf dem Burgplatz aufstellen. Die alte Burg wurde abgerissen und eine neue prunkvoll errichtet. Nach der Rückkehr von einer Pilgerfahrt begann er mit dem Bau des Domes. Die Siedlungen Hagen und Neustadt ließ der Herzog Heinrich der Löwe am Stadtrand errichten. Die fünfte Siedlung, der Sack, entstand nach dem Jahr 1250. Damit war die Entwicklung der mittelalterlichen Stadt Braunschweig abgeschlossen.

Rund um die Burg war eine Stadt mit fünf Siedlungen mit eigenen Warenumschlagplätzen entstanden. Jeder Stadtteil war völlig selbstständig mit eigenem Rathaus, Markt und Pfarrkirchen. Erst nach 1250 wurden die fünf Stadtteile mit einer gemeinsamen Mauer, mit Graben und Wällen umgeben und geschützt.

Die Burg Dankwarderode und der Löwe

1. Sucht die im Text genannten Stadtteile auf der Karte.

SPEZIAL

Heinrich der Löwe

Um die Person Heinrichs des Löwen ranken sich viele Sagen. In einer wird Folgendes berichtet: Auf der Pilgerfahrt ins Heilige Land strandet in einem Sturm das Schiff des Herzogs an einem unbewohnten Gestade. Dort wird Heinrich Zeuge eines Kampfes zwischen einem Löwen und einem Drachen. Das Ungeheuer droht, den Löwen zu erwürgen. Schnell eilt Heinrich zu Hilfe und schlägt dem Drachen mit dem Schwert den Kopf ab.

Der Löwe begleitet seinen Retter von nun an treu auf Schritt und Tritt. So vergehen sieben Jahre. Heinrichs Gemahlin nimmt an, der Herzog sei lange verstorben. Sie plant eine neue Vermählung. Dieses erfährt Heinrich vom Teufel, der ihn in der Einöde aufsucht. Er bietet gleichzeitig an, Herrn und Löwen durch die Lüfte nach Braunschweig zu tragen. So erreicht der Herzog seine Burg gerade noch rechtzeitig und wird von seiner Gemahlin freudig aufgenommen. Der treue Löwe bleibt bei seinem Herrn bis zu dessen Tode und stirbt vor Trauer auf dem Grabstein.

Neben dem Domplatz mit der Burg und dem Dom ist der Altstadtmarkt eine beliebte Sehenswürdigkeit. Auf diesem Markt, umgeben von seinen schönen alten Gebäuden, z. B. dem Altstadtrathaus und dem Gewandhaus, finden seit 700 Jahren Märkte statt. Im Mittelalter diente der Markt auch als Ort für Prozessionen, Reiterspiele, Paraden und Hinrichtungen.

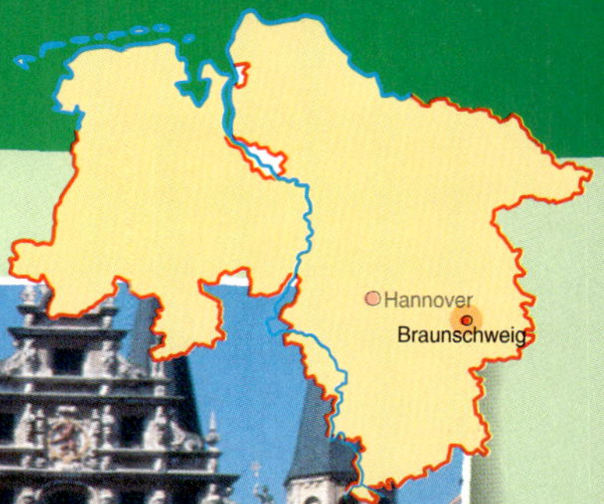

Altstadtrathaus

Gewandhaus

Um sich in einer Stadt zurechtfinden zu können, nimmt man einen Stadtplan zu Hilfe. Damit Straßen oder Gebäude schnell gefunden werden können, haben Stadtpläne oft ein Suchraster. Senkrechte und waagerechte Linien teilen den Stadtplan in Planquadrate auf.
Buchstaben kennzeichnen die Quadrate am oberen und unteren Rand von links nach rechts, Zahlen benennen sie von oben nach unten an beiden Seiten. Somit ist jedes Planquadrat durch einen Buchstaben und eine Zahl gekennzeichnet.
Zu einem Stadtplan gehört häufig ein Straßenverzeichnis, in dem alle Straßen alphabetisch geordnet aufgelistet sind. Hinter jedem Straßennamen stehen der Buchstabe und die Zahl des Planquadrates, in dem die Straße zu finden ist.

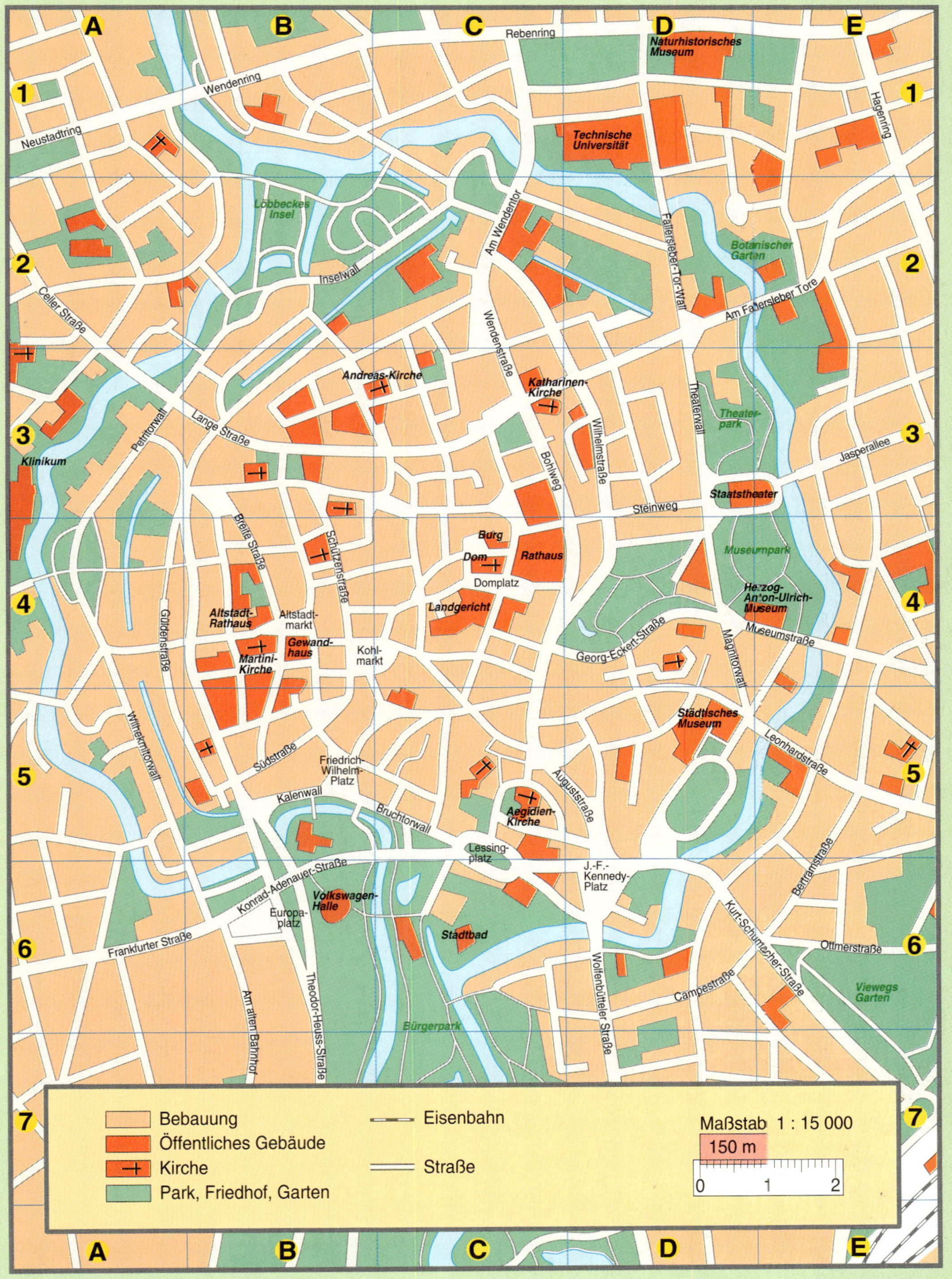

2. Die Campestraße liegt im Planquadrat D 6. Finde die Straße auf dem Stadtplan.

3. In welchen Planquadraten liegen die Burg Dankwarderode, der Dom, das Herzog-Anton-Ulrich-Museum, das Naturhistorische Museum und das Altstadt-Rathaus? Stellt euch gegenseitig weitere Aufgaben.

4. In welchen Planquadraten liegen Kirchen?

5. Vergleicht den heutigen Stadtplan Braunschweigs mit dem Plan von 1450 auf Seite 36. Versucht den Grundriss der alten Stadt auf dem Stadtplan zu entdecken und zu beschreiben.

Osnabrück

Am Fluss Hase trafen an einer seichten Stelle alte Handelswege aus allen Richtungen zusammen. An diesem Flussübergang ließ der Frankenkaiser Karl der Große nach der Eroberung des Sachsenlandes im Jahr 783 eine Kirche, einen Gutshof und eine Schule erbauen. Schon bald musste die kleine befestigte Domburgsiedlung vergrößert werden. Viele Kaufleute wollten sich hier ansiedeln.
Im Jahr 800 setzte der Kaiser einen Bischof ein und gründete das Bistum Osnabrück. An die Stelle der ersten Kirche wurde 400 Jahre später der mächtige Dom St. Peter gebaut. Er ist noch heute der Mittelpunkt der Stadt Osnabrück und des Bistums.

Rathaus

Im Jahr 1173 erhielt Osnabrück die Stadtrechte und führt seitdem im Wappen das sechsspeichige Bischofsrad. Die Stadt gelangte durch die Kaufleute zu Bedeutung und Reichtum. Etwa 300 Jahre lang gehörte Osnabrück zur Hanse.
Im Dreißigjährigen Krieg (1618-1648) wurde die Stadt erobert und ausgeplündert. 1642 trafen in Osnabrück viele Gesandte aus allen am Krieg beteiligten Staaten ein. Sie wollten über ein Ende des Krieges verhandeln. Am 25. Oktober 1648 wurde von der Treppe des Osnabrücker Rathauses der Westfälische Friede verkündet. Damit war der Dreißigjährige Krieg endlich beendet.
An dieses Ereignis erinnert heute noch der Brauch des Steckenpferdreitens: Am Friedenstag kommen jedes Jahr im Oktober alle Osnabrücker Viertklässler mit Steckenpferden und Papierhelmen zum Rathaus. Dort werden sie vom Bürgermeister empfangen und erhalten jeder eine Brezel.

Blick auf die Stadt

Osnabrück ist heute die drittgrößte Stadt Niedersachsens und hat fast 160 000 Einwohner. Etwa 85 000 Menschen haben ihren Arbeitsplatz in der Stadt. Etwa 4 800 von ihnen sind Pendler. Sie wohnen im Umland und fahren jeden Morgen in die Stadt und am Abend wieder nach Hause.
In der City gibt es eine ausgedehnte Fußgängerzone mit Geschäften aller Art. In der Universität und in verschiedenen Fachhochschulen werden rund 18 000 Studierende ausgebildet. Jedes Jahr kommen viele Touristen, um die Sehenswürdigkeiten der alten Bischofsstadt kennen zu lernen.

1. Verfolgt auf der Karte Seite 11 den Flusslauf der Hase von der Quelle bis zur Mündung.

2. Erklärt mit Hilfe der Karte auf Seite 50/51, wie Osnabrück mit dem Auto, der Bahn oder mit dem Schiff erreicht werden kann.

3. Beschreibt einen Weg von eurem Wohnort nach Osnabrück mit Hilfe der Karte auf Seite 4/5.

Osnabrücker Land

Landschaft im Osnabrücker Land

Gradierwerk in Bad Rothenfelde

Kutschfahrt

Saurierspuren

Besucher des Osnabrücker Landes finden eine abwechslungsreiche Landschaft mit großem Freizeitangebot vor. Sie können die wasserreiche Hügel- und Waldlandschaft zu Fuß auf vielen Wanderwegen oder mit dem Fahrrad auf einem rund 2 200 Kilometer langen Radwegenetz kennen lernen. Eine besondere Attraktion sind die alten Postkutschen, mit denen man vierspännig durch das Land fahren kann. Sehenswürdigkeiten sind zum Beispiel: Klöster, reiche Herrensitze, mächtige Wasserburgen oder einsame Bauernhöfe. Bei Bad Essen können versteinerte Saurierfußspuren an einer Felswand besichtigt werden.

Menschen, die etwas für ihre Gesundheit tun wollen oder unter Erkrankungen leiden, fahren in die Kurorte. Dort gibt es Quellen mit salzhaltigem Wasser. Die Kurgäste baden in der Sole, trinken sie oder atmen an den Gradierwerken die salzhaltige Luft ein. Gradierwerke sind hohe Balkengerüste, die mit Buschwerk ausgefüllt sind. Die Sole wird hochgepumpt und tropft über die Zweige. Dabei entsteht ein kaum sichtbarer Wassernebel, der Krankheiten der Atemwege lindert oder heilt. Gradierwerke wurden früher gebaut, damit Wasser verdunstete und die Sole noch salzhaltiger wurde. Beim Salzsieden brauchte man dann weniger Brennholz.

SPEZIAL

Germanen besiegen die Römer

Bei Ausgrabungen bei Kalkriese nördlich von Osnabrück haben die Forscher eine sensationelle Entdeckung gemacht. Sie fanden Ausrüstungsgegenstände von römischen Soldaten. Diese Fundstücke geben Hinweise darauf, dass dort vor 2 000 Jahren eine berühmte Schlacht zwischen Römern und Germanen stattgefunden haben könnte: Im Jahr 9 n. Chr. hatten die Römer das germanische Gebiet erobert und besetzt. Aber die Germanen sammelten sich unter ihrem Anführer Armin, um sich zu befreien. Am Wiehengebirge nördlich von Osnabrück zog ein Heer gut ausgebildeter und ausgerüsteter römischer Soldaten unter dem Heerführer Varus entlang. Die Germanen hatten sich am Kalkrieser Berg hinter einem Wall versteckt. Der Platz war gut gewählt, denn gegenüber lag das unwegsame Große Moor. Es gab nur einen schmalen Weg, den die Germanen mit einer zweiten Truppe versperrten. Sie konnten an diesem Engpass die Römer von zwei Seiten erfolgreich angreifen. Varus hatte keine Chance. Die blutige Schlacht endete mit einer totalen Niederlage der Römer. Danach verloren die Römer die Herrschaft über Germanien. Erst durch die Ausgrabungen bei Kalkriese hat man über dieses wichtige Ereignis neue Erkenntnisse erhalten. Im neuen großen Museumspark werden sie den Besuchern gezeigt.

Leinebergland

Einbeck

Die Leine entspringt in Thüringen und fließt in Niedersachsen durch das Leinebergland in nördliche Richtung. Über eine lange Strecke wird der Fluss auf beiden Seiten von bewaldeten Höhenzügen begleitet.

1. Verfolgt den Flusslauf der Leine auf der Karte von der Quelle bis zur Mündung. Wo entspringt die Leine und in welchen Fluss mündet sie?

2. Nennt Städte an der Leine und die Namen der Höhenzüge des Leinebergландes.

3. Wie heißen die Nebenflüsse der Leine, die aus dem Harz kommen?

Schon vor 2 000 Jahren verlief im Leinetal eine bedeutende Handelsstraße von Süden nach Norden. Im Abstand von etwa 15 bis 20 Kilometern, einer Tagesreise mit einem Pferdefuhrwerk, wurden früher Rastplätze angelegt. Daraus entwickelten sich die Städte Göttingen, Northeim, Einbeck und Alfeld. Auf den Bergen wurden Burgen errichtet, die die Handelsstraße schützen sollten.
Heute führen Straßen und die Eisenbahn durch das Leinetal. Für die ICE-Schnellstrecke wurden viele Tunnel in die Höhenzüge gebaut.
Das Leinebergland ist eine abwechslungsreiche Landschaft, in die viele Touristen kommen. Sie finden Wälder, Höhlen, Klippen und Burgruinen vor. Die alten Städte im Tal haben prächtige Fachwerkgebäude in den Stadtzentren.

SPEZIAL

In die Leine münden viele Flüsse aus dem Harz. Fallen dort viele Niederschläge oder starke Schneeschmelze setzt ein, kann es sehr schnell zu Hochwasser in der Leine kommen. Der Fluss tritt dann über die Ufer, überschwemmt das Tal und beschädigt Gebäude und Verkehrswege.
Um dieses zu verhindern, wurden am Harzrand viele Talsperren gebaut. Im Tal wurden Flächen reserviert und mit Sperrwerken versehen. Diese Rückhaltebecken können bei Bedarf geflutet werden.

4. Schlagt die Karte auf Seite 44 auf und nennt die Talsperren.

Göttingen

In einer Urkunde aus dem Jahr 953 wurde das kleine Dorf im Leinetal Gutingi genannt. Innerhalb von 300 Jahren entwickelte sich dieses Dorf zur Stadt Göttingen. Im Schutz der Stadtmauern waren Bürgerhäuser, Kirchen und ein Rathaus entstanden. Durch erfolgreichen Handel wurde die Stadt im Mittelalter reich und immer größer. Sie gehörte über 200 Jahre zur Hanse. Göttingen lag verkehrsgünstig am alten Nord-Süd-Handelsweg durchs Leinetal. Viele Fernhändler kamen hier vorbei. Sie kauften Göttinger Woll- und Leinenstoffe ein, die in andere Hansestädte, z. T. sogar bis Russland, verkauft wurden. Nach den schweren Schäden des Dreißigjährigen Krieges und vielen Veränderungen im Land war Göttingen arm und bedeutungslos. Das änderte sich durch die Gründung der Universität. 1737 wurde sie eröffnet und nach dem Landesherren, König Georg August von England und Kurfürst von Hannover, Georgia Augusta genannt. Bald gehörte sie zu den bekanntesten deutschen Universitäten. Berühmte Professoren arbeiteten hier mit ihren Studenten, zum Beispiel die Sprachforscher und Märchensammler Jacob und Wilhelm Grimm, der Mathematiker Carl Friedrich Gauß und bis heute noch viele andere. Deshalb ist Göttingen weithin als Universitätsstadt bekannt, in der Lehre und Forschung, Professoren und Studenten eine große Rolle spielen.
Göttingen hat heute ungefähr 130 000 Einwohner, davon sind fast 25 000 Studierende aus dem In- und Ausland, 13 000 Mitarbeiter der Universität und 500 Professoren.

Die Universität musste mehrfach vergrößert werden. In den Jahren 1967 bis 1973 enstand ein großes modernes Universitätsviertel. Geblieben ist aber ein etwa 100 Jahre alter Brauch der Studenten: Wer in Göttingen sein Studium erfolgreich beendet hat, küsst am Marktbrunnen die Figur des Mädchens mit den Gänsen, das Gänseliesel.

Das alte Rathaus am Marktplatz

Unibibliothek

Forschungslabor

SPEZIAL

Carl Friedrich Gauß

Zu den berühmtesten Göttinger Professoren gehörte der Mathematiker Carl Friedrich Gauß (1777 bis 1855). Er wurde in Braunschweig als Sohn eines Schlachters geboren.
Schon mit drei Jahren interessierte sich der kleine Gauß für Zahlen. Er sagte seinem Vater, dass er sich bei der Lohnauszahlung der Gehilfen verrechnet hätte. Es stimmte tatsächlich. Alle staunten, dass der Junge schon rechnen konnte. Das Lesen brachte er sich allein bei.
In der Schule stellte der Lehrer im 3. Schuljahr die Aufgabe, alle Zahlen von 1 bis 100 zu addieren. Eifrig rechneten die Mitschüler und schrieben die ganze Schiefertafel voll Aufgaben. Carl Friedrich Gauß schaute die Aufgabe genau an. Er entdeckte ein Rechengesetz, musste danach nur eine einzige Aufgabe rechnen und hatte sofort die richtige Lösung! Wie hättest du gerechnet?

Gauß war ein Wunderkind. Auf dem Gymnasium lernte er Latein, Griechisch, Englisch, Französisch und Russisch. Schon mit 15 Jahren studierte er an der Universität. Weltberühmt wurde er, als er die Bahn eines neu entdeckten Himmelskörpers berechnete.
Gauß wurde 1799 Professor in Göttingen. Dort leitete er die Sternwarte, führte genaue Landvermessungen durch und entdeckte in seiner langen Professorenzeit viele neue Gesetze der Mathematik.

Man kann Rechenpaare bilden aus der ersten und der letzten Zahl, der zweiten und der vorletzten und so weiter. 1 + 100, 2 + 99, 3 + 98. Bei jedem Rechenpaar ist die Summe 101. Da es 50 Paare gibt, heißt die einzige Aufgabe 50 mal 101 = 5050.

Fremdenverkehr im Harz

Im Frühjahr

In der Loipe

Im Sommer

Im Herbst

Im Winter

Der Harz ist ein bedeutendes Fremdenverkehrsgebiet in Niedersachsen. Er bietet eine waldreiche Berglandschaft, reine Luft, Ruhe und eine Reihe von Sehenswürdigkeiten.
Naturfreunde können auf steilen oder bequemen Wegen wandern und die Natur genießen. Im Naturpark Harz und im Nationalpark Harz gibt es interessante Informationshäuser, wo man über Lebensräume, Pflanzen und Tiere des Harzes informiert wird. Auf einer geführten Tour durch das Hochmoor kann man seltene Pflanzen entdecken. Im Südharz gibt es große Tropfsteinhöhlen, die besichtigt werden können. Wer sich für den Bergbau interessiert, kann in vielen Museen erleben, wie über 1000 Jahre lang im Harz Bergbau betrieben wurde.
Aus vielen ehemaligen Bergbaustädten haben sich Kurorte und Fremdenverkehrsorte entwickelt. Es entstanden Kur- und Erholungseinrichtungen, Sportanlagen, Museen und vieles mehr. So findet jeder Besucher im Harz ein vielseitiges Angebot. Im Sommer sind neben dem Wandern Tennis, Golf und viele Wassersportarten möglich. Da es im Harz oft regnet, gibt es auch ein Angebot für Regentage: Hallenbäder und Kurgasthäuser mit Spiel- und Unterhaltungsangeboten, Theater- und Musikveranstaltungen, Hobby- oder Sportkurse und Ausstellungen.

Im Winter können die Gäste Ski fahren, rodeln, Schlittschuh laufen oder mit Pferdeschlitten fahren. Skilifte und Seilbahnen bringen die Abfahrtsläufer auf die Berge. Für Langläufer führen zahlreiche gespurte Loipen durch die verschneite Berglandschaft. In den Kurorten gibt es besondere Kuranlagen.
Dorthin kommen Menschen, um sich zu erholen und wieder gesund zu werden. Die Ärzte in den Kurorten stellen für die Kurgäste gezielte Kurpläne auf, z.B. Bäder oder Massagen.

1. Schaut in der Karte nach, welche Freizeiteinrichtungen Hahnenklee, Goslar, Osterode und Bad Sachsa anbieten. Welche Freizeitangebote wären auf einer Klassenfahrt interessant?
2. In welchen Harzer Orten gibt es Museen?
3. Schaut auf der Karte Seite 28/29 nach, welche Verkehrswege aus den großen Städten Niedersachsens in den Harz führen.
4. Badekurorte tragen die Bezeichnung Bad in ihrem Namen. Sucht Badekurorte im Harz auf der Karte Seite 28/29.

SPEZIAL

Der Brocken

Mit 1142 Metern ist der Brocken die höchste Erhebung des Harzes. Er liegt auf dem Gebiet von Sachsen-Anhalt, ist aber durch seine Höhe und die weit nach Norden vorgeschobene Lage auch von Niedersachsen aus gesehen der beherrschende Berg des Harzes.
Die starken Winde aus Nordwest und die hohen Niederschlagsmengen verhindern, dass sich ein geschlossener Wald bilden kann. Dafür gibt es ausgedehnte Hochmoore.
Der Brocken wird auch Blocksberg genannt. Er ist Schauplatz vieler Sagen und ein beliebtes Ausflugsziel.

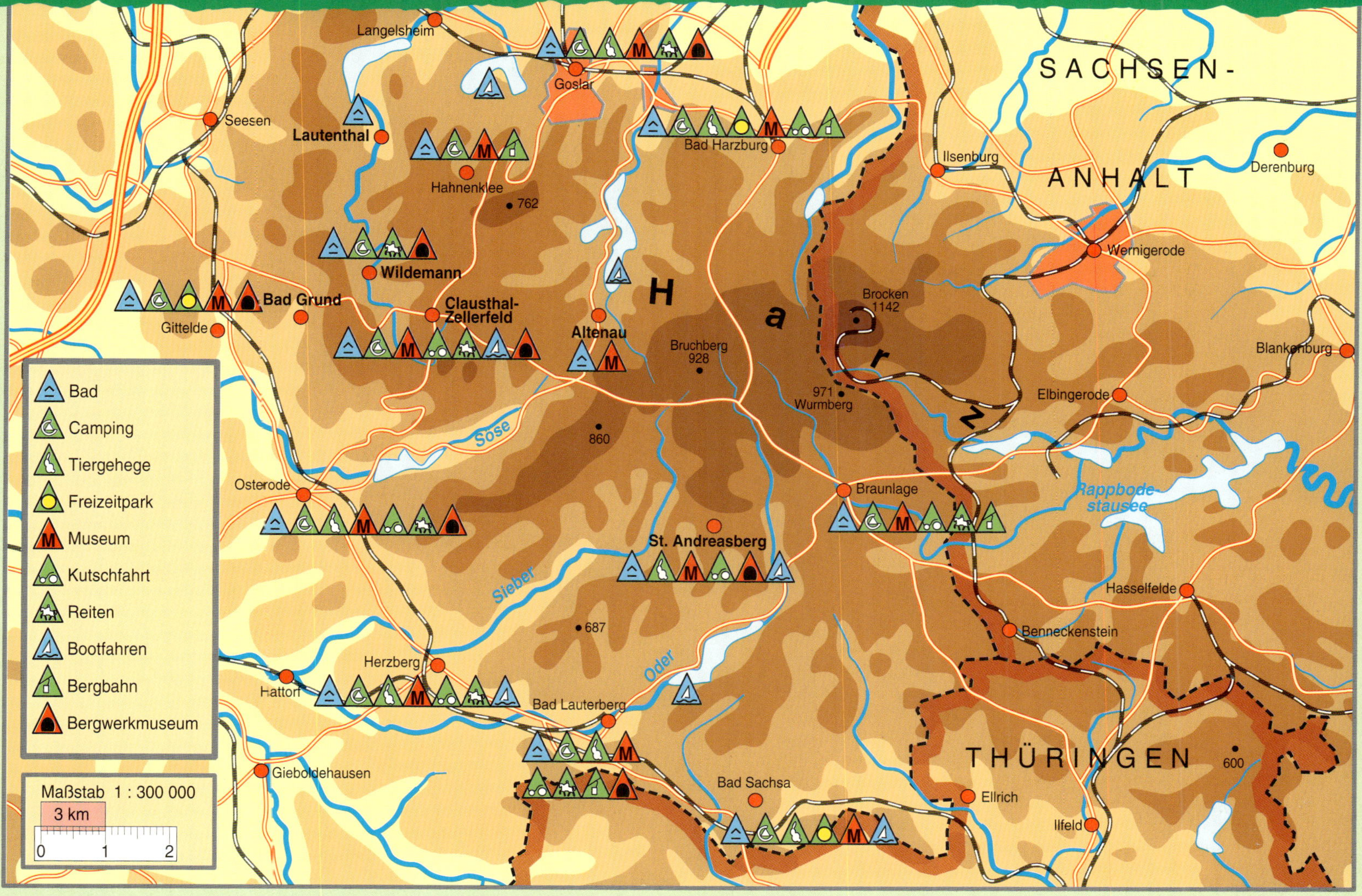

SPEZIAL

Am nördlichen Harzrand liegt die Stadt Goslar. Die über tausendjährige Geschichte der Stadt ist eng mit der Entwicklung des Bergbaues verbunden. Vor etwa 1000 Jahren wurden Vorkommen von Silber, Kupfer, Zink und Blei im Rammelsberg bei Goslar entdeckt. Goslar entwickelte sich zu einer reichen und bedeutenden Stadt. Als freie Reichsstadt unterstand Goslar den deutschen Kaisern. Um ihre Macht und die Einkünfte aus dem Erzabbau zu sichern, bauten sie ihre größte und sicherste Pfalz in Goslar.

Eine Pfalz hatte mehrere Aufgaben: Im Mittelalter gab es keine Hauptstadt. Der König zog mit seinem Gefolge in seinem Reich umher. Abwechselnd wohnte er in seinen Pfalzen, wo er Versammlungen mit den Mächtigen des Reiches abhielt, Recht sprach und sich um die Verwaltung kümmerte.
Heute kommen Touristen aus aller Welt und besuchen die mittelalterliche Innenstadt, die Kaiserpfalz und die Bergbauanlagen am Rammelsberg.

Talsperren im Harz

Die Staumauer des Okerstausees

Der Staudamm des Oderteiches

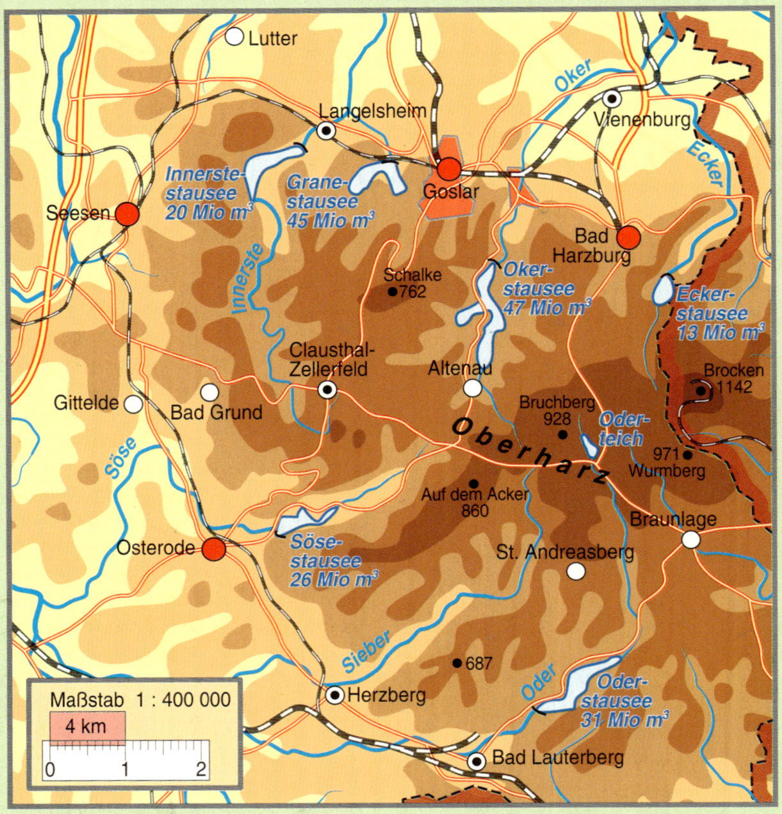

Name	Fertig-stellung	Wassermenge in Millionen m^3	Aufgaben
Sösetalsperre	1931	25,5	H, S, T
Odertalsperre	1934	30,6	H, S, E
Eckertalsperre	1942	13,3	H, S, T
Okertalsperre	1956	47,4	H, S, E
Innerstetalsperre	1966	20,0	H, S, E
Granetalsperre	1969	46,4	H, S, T

H = Hochwasserschutz, S = Stromerzeugung, T = Trinkwasserversorgung, E = Erholung (Angeln und alle Wassersportarten außer Motorboot)

Die erste Talsperre Deutschlands wurde 1721 im Harz fertiggestellt: der Oderteich. Das aufgestaute Wasser wurde genutzt, um die Wasserräder der Bergwerke anzutreiben. Wasserräder trieben in den Bergwerken die verschiedensten Einrichtungen an, die die Arbeit erleichterten, z. B. Förderkörbe, Pumpen usw.

Bis 1898 gab es in Deutschland keine größere Talsperre als den Oderteich. Heute gibt es im niedersächsischen Teil des Harzes sechs moderne Talsperren. Sie wurden am Harzrand in den tiefen und lang gestreckten Tälern der Flüsse gebaut.

1. Findet in der Karte die Talsperren. Nennt den Namen der größten Talsperre.

Talsperren schützen vor Hochwasser. Im Harz regnet es häufiger und stärker als im übrigen Niedersachsen. Der felsige Untergrund aus Granit und Schiefergestein lässt aber die Niederschläge kaum versickern. Das Wasser fließt rasch ab. Besonders bei Starkregen kommt es zu plötzlichem Hochwasser und zu Überschwemmungen in den Flusstälern des Harzvorlandes. Auch bei starker Schneeschmelze sind die Wassermassen eine Gefahr. In den Talsperren kann das Wasser gespeichert und in regenarmen Zeiten kontrolliert in die Flüsse abgegeben werden. So werden die Flüsse im Harzvorland vor dem Austrocknen bewahrt.

2. Schaut in der Tabelle nach, welche Aufgaben die einzelnen Talsperren erfüllen.

3. Begründet, warum die modernen Talsperren am Harzrand entstanden, der alte Oderteich aber mitten im Oberharz liegt.

Das gestaute Wasser in den Talsperren hat eine sehr gute Qualität. Talsperren dienen daher der Trinkwasserversorgung. Viele Freizeitaktivitäten, insbesondere Wassersport, ist an Trinkwassertalsperren nicht erlaubt. Erholungssuchende Menschen können aber auf Wanderwegen die schöne Landschaft und die gesunde Luft an den Talsperren genießen.

Bergbau-Museen im Harz

Vor etwas mehr als 1000 Jahren war der Harz ein unbesiedeltes Waldgebirge. Das änderte sich, als am Harzrand durch Zufall Silbererz entdeckt wurde. Bergleute erforschten nun das unwegsame Gebiet und fanden im Oberharz reiche Vorkommen an Blei, Kupfer, Silber und anderen wertvollen Metallen. Zuerst konnten die Erze noch in Gruben „über Tage" mit Schlägel und dem Eisen abgebaut werden. Schon bald musste man dem Erz führenden Gestein in die Tiefe folgen und Gänge schlagen. Schließlich entstanden große Bergwerke mit tiefen senkrechten Schächten und zahlreichen waagerechten Stollen.
Wenn das Gestein sehr fest war, versuchten die Bergleute, sich die Arbeit mit Feuersetzen zu erleichtern. Dazu wurden in den Stollen Holzhaufen angezündet. Das erhitzte Gestein wurde mit Wasser bespritzt und platzte dadurch ab oder wurde rissig. So konnte man es leichter mit Schlägel und Eisen abschlagen. Stellenweise wurde noch bis vor 130 Jahren nach dieser Methode gearbeitet. Ein Bergmann konnte pro Arbeitstag nur etwa 1 bis 2 cm auf einer Fläche von der Größe einer Zimmertür abschlagen. Innerhalb von 500 Jahren entstanden aber auf dieser Weise unterirdische Gänge mit einer Gesamtlänge von 150 Kilometern.

Bergbau im Mittelalter

Feuer setzen

Ein besonderes Problem war, dass die Gruben oft voll Wasser liefen. Vor etwa 400 Jahren schafften es die Bergleute, die Wasserkraft für den Bergbau zu nutzen. Mit Wasserrädern konnten Förderanlagen angetrieben werden. Sie förderten nicht nur das Erz nach oben, sondern pumpten vor allem das Wasser aus den Gruben. So konnte man tiefere Schächte anlegen und mehr Erz fördern.
Regen- und Schmelzwasser war im Harz zeitweise reichlich vorhanden, aber in Trockenzeiten standen die Wasserräder still und die Gruben „soffen ab". Die Bergleute legten daher ein Netz von Gräben und Teichen an, um Wasser zu speichern.
Insgesamt bauten die Harzer Bergleute rund 700 kleinere und größere Teiche. In ihnen wurde das Wasser für die Wasserräder gestaut. Noch heute gibt es in der Nähe von Clausthal-Zellerfeld 66 dieser Teiche. Sieben Bergstädte im Oberharz bildeten das Zentrum des Bergbaus: Grund, Sankt Andreasberg, Zellerfeld, Wildemann, Clausthal, Lautenthal und Altenau.

1. „Wenn es im Harz nicht regnet, ertrinkt der Bergbau."
Erklärt diese eigenartige Behauptung.

Heute gibt es keinen Bergbau mehr im Harz. Die Erzvorkommen sind abgebaut oder lohnen den Abbau nicht mehr. Viele Bergwerke sind inzwischen als Museum eingerichtet. Die Besucher fahren mit der Grubenbahn „unter Tage" oder können in abgesicherten Bereichen zum Beispiel die großen Wasserräder besichtigen. In den Stollen sehen sie, wie Erz abgebaut wurde. An den Schächten wird ihnen die „Fahrkunst" erklärt, ein wassergetriebenes Holzgestänge, über das die Bergleute schneller als mit Leitern zu ihrem Arbeitsplatz und zurück gelangten.

Großes Kehrrad

Fahrkunst

Erfindungen aus dem Harz:
1833: Ein Clausthaler Bergmann erfindet die Fahrkunst.
1834: In Clausthal wird das Drahtseil erfunden.
1851 bis 1864: Bau eines 26 Kilometer langen schiffbaren Tunnels zum Ableiten von Grubenwasser und zum Erztransport

Freizeitkarte Niedersachsen

Menschen brauchen Freizeit und Erholung. Vor allem an den Wochenenden und im Urlaub wollen sie die freie Zeit nutzen, um sich zu entspannen, etwas zu erleben oder Neues und Schönes kennen zu lernen. Die Karte zeigt, welche Freizeit- und Erholungsmöglichkeiten es bei uns gibt.

1. Welche Freizeiteinrichtungen, die in der Karte verzeichnet sind, möchtest du gerne besuchen?
2. Suche Freizeitangebote in der Nähe deines Wohnortes.
3. Welcher Tierpark oder Zoo liegt eurem Wohnort am nächsten?
4. Welche Naturparks sind für die Einwohner von Hannover, Osnabrück und Oldenburg in kurzer Zeit erreichbar?

Naturlehrpfad

Im Zoo

Viele Menschen besuchen Tierparks und Zoos, um Tiere aus der ganzen Welt zu beobachten.

Schloss Celle

Freizeitpark

Freizeitparks sind besonders bei Kindern beliebt. Man muss dort Eintritt zahlen und kann dann zum Beispiel Achterbahn und Karussell fahren.

SCHLESWIG-HOLSTEIN
MECKLENBURG-VORPOMMERN
BRANDEN-BURG
SACHSEN-ANHALT
THÜRINGEN
NORDRHEIN-WESTFALEN
Hamburg
Hannover
Bremen
Bremerhaven
Lübeck
Wismar
Schwerin
Cuxhaven
Dorum
Burhave
Bad Bederkesa
Nordenham
Deutsches Schifffahrtsmuseum
Brake
Jaderberg
Osterholz-Scharmbeck
Worpswede
Oldenburg
Delmenhorst
Dom
Elmshorn
Norderstedt
Pinneberg
Stade
Jork
HARBURGER BERGE
Wildpark Schwarze Berge
Schmetterlingspark
Buchholz
Winsen
Dom Bardowick
Lüneburg
Wildpark Lüneburger Heide
Garlstorf
Wildpark Lauenbrück
Rotenburg
LÜNEBURGER HEIDE
Schneverdingen
Center Parc
Bad Bevensen
ELBUFER-DRAWEHN
Lüchow
Uelzen
Mühlenmuseum
Heide-park
Soltau
Freizeit-park
Verden
Vogelpark
Walsrode
Bad Fallingbostel
WILDESHAUSER GEEST
Visbeker Bräutigam (Hünengrab)
Vechta
Helmsmühle
Diepholz
Landwirtschaftsmuseum Lüneburger Heide
SÜDHEIDE
Eschede
Otterzentrum Hankensbüttel
Hodenhagen
Serengeti-Safaripark
Nienburg
Celle
Schloss
Kloster Wienhausen
STEINHUDER MEER
Dinosaurier-Park
Münchehagen
Kloster Loccum
Lemförde
Orchideenzucht
Gifhorn
Mühlenmuseum
Wasser-schloss
Uetze
Erse-Park
Volkswagenwerk
Wolfsburg
Bad Essen
Minden
Stadthagen
Bad Nenndorf
Besucherbergwerk Kleinenbremen
Schloss Bückeburg
Bad Eilsen
Peine
Braunschweig
Dom
Juleum
Stift Königslutter
Helmstedt
ELM/ LAPPWALD
Bad Münder
Saupark Springe
Stiftskirche Fischbeck
Rasti-Land
Dom und St. Michael
Hildesheim
Salzgitter
Wolfenbüttel
Schloss
Herford
Bad Rothenfelde
Hameln
Benstorf
WESERBERGLAND/ SCHAUMBURG-HAMELN
Hämelschenburg
Salzgitter-Bad
Bad Salzdetfurth
Hornburg
Bielefeld
Bad Pyrmont
Faguswerk
Alfeld
Detmold
Gütersloh
Schloss Bevern
Holzminden
Münster
Bad Gandersheim
Goslar
Bad Harzburg
Halberstadt
HARZ
Altenau
Wernigerode
Quedlinburg
Aschersleben
Bad Grund
Mineralienmuseum Clausthal-Zellerfeld
Einbeck
SOLLING-VOGLER
Paderborn
Braunlage
Osterode
Northeim
St. Andreasberg
Einhornhöhle
Bad Lauterberg
Kloster Walkenried
Bad Sachsa
Kloster Bursfelde
Göttingen
Duderstadt
Nordhausen
MÜNDEN
Kassel
Elbe
Weser
Aller
Leine
Oste
Trave
Wümme
Hunte
Delme
Ilmenau
Sude
Jeetzel
Ortze
Oker
Innerste
Emmer
Fulda
Werra
Wipper
Bode
Ohre
Milde
Elde
Elbe-Lübeck-Kanal
Elbe-Seitenkanal
Mittellandkanal
Städte Einwohner
über 500 000
100 000 – 500 000
unter 100 000
Siedlungsfläche
Verkehr
Eisenbahn
Autobahn (mit Nummer)
Grenzen
Staatsgrenze
Landesgrenze
Maßstab 1 : 1 000 000
Das heißt: 1 cm auf der Karte entspricht 10 km in der Natur.
10 km
0 1 2 3

Das Bundesland Niedersachsen entstand 1946 aus den früheren Ländern Hannover, Braunschweig, Oldenburg und Schaumburg-Lippe. Das Wappen Niedersachsens ist ein nach links springendes Pferd in einem roten Feld.

Die Hauptstadt Niedersachsens ist Hannover. Hier ist der Sitz des Niedersächsischen Landtags und der Landesregierung mit ihren Ministerien.

1. Welches Kennzeichen haben die Autos in deinem Wohnort?
2. Finde deinen Landkreis oder deine kreisfreie Stadt auf der Karte.
3. Wie heißen die benachbarten Landkreise und kreisfreien Städte?

SPEZIAL

Maren zieht mit ihrer Familie von Aurich in Ostfriesland in die Nähe von Goslar am Harzrand. Ihr Vater hat hier eine neue Arbeitsstelle gefunden. In der neuen Wohnung werden zuerst alle Möbel aufgebaut und alle Kisten ausgepackt. Doch damit ist der Umzug noch nicht zu Ende.

Maren begleitet ihren Vater zum Rathaus in Bad Harzburg. Im Einwohnermeldeamt muss sich die Familie anmelden. Am nächsten Tag fährt Maren mit ihrer Mutter zum Straßenverkehrsamt des Kreises Goslar. Dort wird das Auto umgemeldet und bekommt zwei neue Kennzeichen. Statt AUR- steht jetzt GS- auf den Nummernschildern. Übrigens ... Maren hatte ihre neue Schule schon vor dem Umzug kennen gelernt. Die Eltern hatten sie dort angemeldet.

SCHLESWIG-HOLSTEIN
MECKLENBURG-VORPOMMERN
HAMBURG
BREMEN
BRANDEN-BURG
SACHSEN-ANHALT
THÜRINGEN
Cuxhaven
CUX
Cuxhaven
Stade
STD
Stade
Wesermarsch
Brake
BRA
Osterholz-Scharmbeck
OHZ
Osterholz
Rotenburg
ROW
Rotenburg
Harburg
Winsen
WL
Lüneburg
LG
Lüneburg
Lüchow-Dannenberg
DAN
Lüchow
Uelzen
UE
Uelzen
Soltau-Fallingbostel
Fallingbostel
SFA
Verden
VER
Verden
DEL
Delmenhorst
Oldenburg
OL
Wildeshausen
Vechta
Diepholz
DH
Diepholz
Nienburg
NI
Nienburg
Celle
CE
Celle
Gifhorn
GF
Gifhorn
WOB
Wolfsburg
Helmstedt
HE
Helmstedt
H
Hannover
Hannover
H
Peine
PE
Peine
BS
Braunschweig
SZ
Salzgitter
(WF)
WF
Wolfenbüttel
Wolfenbüttel
Stadthagen
Schaumburg
SHG
Hameln-Pyrmont
Hameln
HM
Hildesheim
HI
Hildesheim
Holzminden
HOL
Holzminden
Goslar
GS
Goslar
Northeim
NOM
Northeim
Osterode
Osterode
OHA
Göttingen
GÖ
Göttingen
Elbe
Oste
Trave
Ilmenau
Sude
Elde
Jeetzel
Wümme
Weser
Hunte
Delme
Örtze
Aller
Milde
Mittellandkanal
Ohre
Innerste
Oker
Leine
Emmer
Bode
Fulda
Werra
Wipper
Grenzen
Staatsgrenze
Landesgrenze
Kreisgrenze
Kreise
Kreisfreie Stadt
Landkreis
Verwaltungssitze
Landeshauptstadt
Sitz der Kreisverwaltung
Kreisfreie Stadt
Vechta Landkreis
WHV Autokennzeichen
Maßstab 1 : 1 000 000
Das heißt: 1 cm auf der Karte entspricht 10 km in der Natur.
10 km
0 1 2 3

Wirtschaft und Verkehr in Niedersachsen

In Niedersachsen gibt es verschiedene Verkehrswege: Straßen, Eisenbahnlinien, Flüsse, Kanäle, Seewege und Luftwege. Auf den Verkehrswegen sind rund um die Uhr Menschen unterwegs. Sie fahren zum Arbeitsplatz, zur Schule, zum Einkaufen oder in den Urlaub. Auf allen Verkehrswegen werden Güter transportiert: z.B. Fisch aus Cuxhaven nach Hannover, Rohstoffe oder Grundstoffe werden zur Weiterverarbeitung zu Fabriken gebracht, z.B. Eisenerz zur Stahlhütte in Salzgitter oder Stahlblech in das Volkswagenwerk in Wolfsburg. Die Autos aus Wolfsburg werden an die Autohändler ausgeliefert.
Die Karte zeigt dir, welche Güter an welchen Orten in Niedersachsen hergestellt werden.

1. Zählt Verkehrswege auf und nennt die entsprechenden Verkehrsmittel.
2. Welche Industriezweige findet ihr in der Nähe eures Wohnortes?
3. Nennt Städte in Niedersachsen, in denen es Elektrotechnik-Unternehmen gibt.

2 Autobahn

Holzverarbeitung

Nahrungsmittel

Eisenbahnstrecke

Autoherstellung

Flughafen

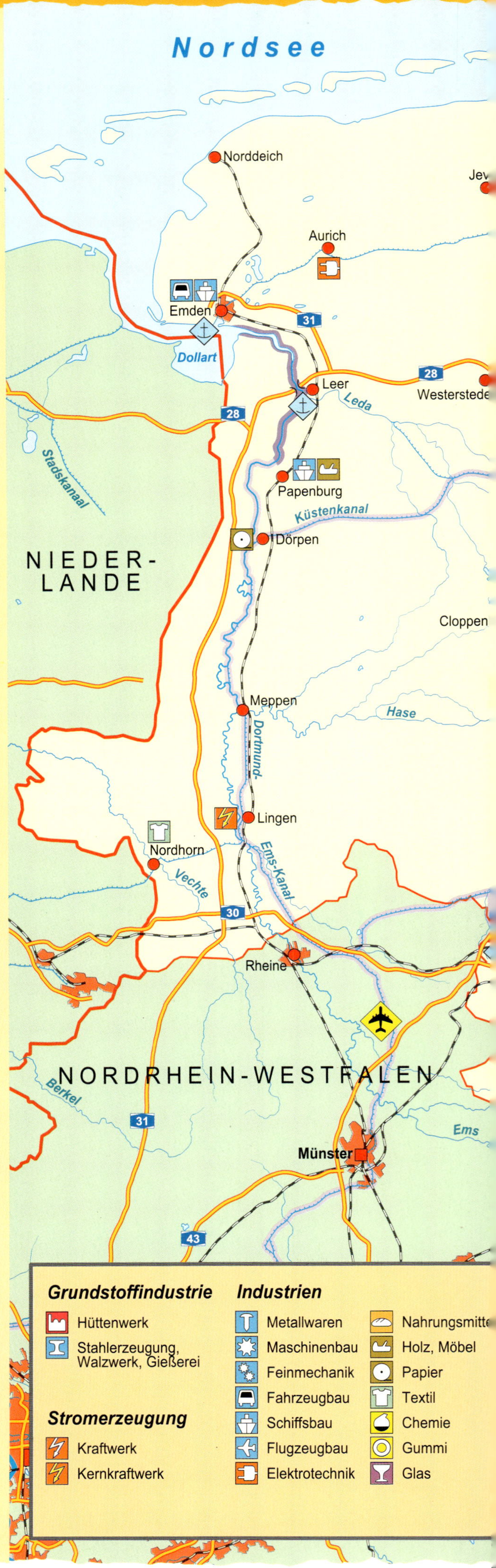

Kraftwerk

Metallverarbeitung

Politische Karte Deutschlands

Die Bundesrepublik Deutschland besteht aus 16 Bundesländern. Die Hauptstadt ist Berlin.
Nach dem Zweiten Weltkrieg waren zwei deutsche Staaten entstanden: die Bundesrepublik Deutschland und die Deutsche Demokratische Republik.
Am 3. Oktober des Jahres 1990 vereinigten sie sich wieder zu einem Land. Seitdem wird dieser Tag jedes Jahr als „Tag der Deutschen Einheit" gefeiert.

1. Schreibt die Namen der Staaten auf, die an die Bundesrepublik Deutschland grenzen.

2. Notiert die Namen der Bundesländer, die an Niedersachsen grenzen.

Physische Karte Deutschlands

Auf dem Kontinent Europa leben etwa 679 Millionen Menschen in über 40 Staaten.
Bis zum Jahr 2001 haben sich davon insgesamt 15 Staaten zur Europäischen Union (EU) zusammengeschlossen.

1. Wie heißen die Nachbarländer von Deutschland?

2. Nennt die Mitgliedsstaaten der Europäischen Union.

3. Welche Länder hast du auf einer Reise oder im Urlaub schon selbst kennen gelernt?

SPEZIAL

Flaggen der Mitgliedsstaaten der Europäischen Union

Flagge der EU, Belgien, Dänemark, Deutschland, Finnland, Frankreich, Griechenland, Großbritannien

Irland, Italien, Luxemburg, Niederlande, Österreich, Portugal, Schweden, Spanien

Die Erde und ihre Kontinente

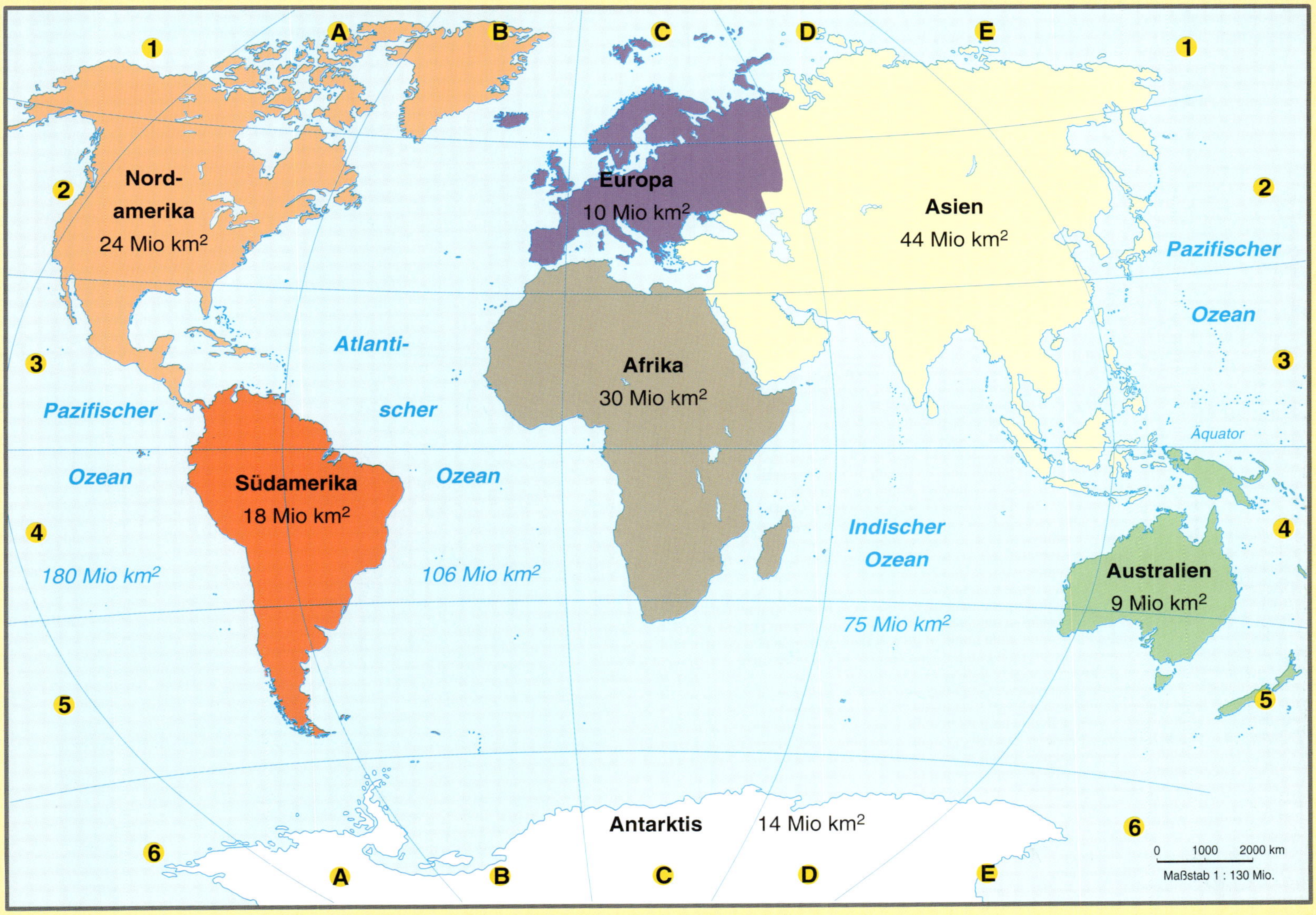

Den größten Teil der Erde nehmen die Ozeane und Meere ein. Die größten Ozeane sind der Pazifische Ozean, der Atlantische Ozean und der Indische Ozean.
Die großen zusammenhängenden Landmassen werden Kontinente genannt. Auf der Erde gibt es insgesamt sechs Kontinente. Fünf davon werden von Menschen bewohnt: Afrika, Amerika, Asien, Europa sowie Australien mit Ozeanien. Der sechste Kontinent ist die Antarktis. Dieser Kontinent ist immer von Eis und Schnee bedeckt.

Viele Sportler aus Afrika, Amerika, Asien, Europa und Australien treffen sich alle vier Jahre zu den Olympischen Winter- und Sommerspielen. Die fünf verschiedenfarbigen Ringe auf der Fahne weisen auf die fünf Kontinente hin, aus denen die Sportlerinnen und Sportler kommen.

Die Staaten der Erde

Flaggen (Auswahl)

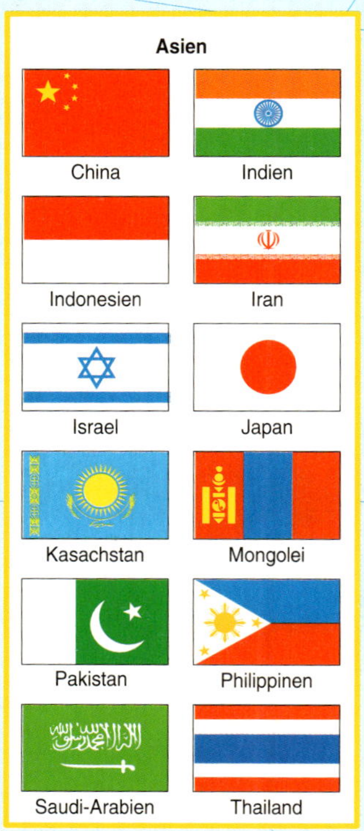

F
G
H
J
K
L
1
2
3
4
5
NORWEGEN
FINNLAND
SCHWEDEN
RUSSLAND
Moskau
Berlin
POLEN
DEUTSCH-
LAND
Paris
UKRAINE
RUMÄNIEN
Rom
ITALIEN
GRIECHEN-
LAND
TÜRKEI
GEORGIEN
Tiflis
KASACHSTAN
Astana
MONGOLEI
USBEKISTAN
Taschkent
KIRGISISTAN
TURKMENISTAN
TADSCHIKISTAN
Peking
NORD-
KOREA
SÜD-
Seoul
JAPAN
Tokio
CHINA
SYRIEN
IRAK
Bagdad
Teheran
IRAN
Kabul
AFGHANISTAN
Islamabad
PAKISTAN
Neu-Delhi
NEPAL
Algier
Tunis
TUNESIEN
Tripolis
LIBYEN
Kairo
ÄGYPTEN
Riad
SAUDI-
ARABIEN
Abu Dhabi
UAE
Maskat
OMAN
INDIEN
BANGLA-
DESCH
MYANMAR
Hanoi
LAOS
TAIWAN
Pazifischer
Ozean
Rangun
THAI-
LAND
Bangkok
VIETNAM
KAMBODSCHA
Manila
PHILIPPINEN
NIGER
TSCHAD
Khartum
SUDAN
Sana
JEMEN
Addis
Abeba
Dschibuti
ÄTHIOPIEN
SOMALIA
Mogadischu
NIGERIA
Abuja
ZENTRAL-
AFRIKA
KAMERUN
Jaunde
Colombo
SRI LANKA
BRUNEI
MALAYSIA
Singapur
Äquator
UGANDA
Kampala
KENIA
Nairobi
GABUN
KONGO
Kinshasa
TANSANIA
INDONESIEN
Jakarta
PAPUA-
NEUGUINEA
Luanda
ANGOLA
SAMBIA
MOSAMBIK
Indischer
Ozean
Antananarivo
MADAGASKAR
NAMIBIA
Windhuk
SIMBABWE
BOTSWANA
Pretoria
Maputo
SÜDAFRIKA
AUSTRALIEN
Canberra
NEUSEELAND
Wellington
Hauptstadt (Auswahl)
Staatsgrenze
0
1000
2000 km
Maßstab 1 : 70 Mio.
F
G
H
J
K
L

Gezielt suchen und finden – Arbeiten mit dem Ortsregister

Anna und Tim möchten in einer Karte nachsehen, wo Emden liegt. So gehen sie vor:

1. Das Ortsregister ab Seite 60 aufschlagen.
2. Auf der Seite 61 erst nach dem Buchstaben E und dann nach dem Namen Emden suchen.
3. Gefunden! Hinter dem Namen Emden steht die Angabe 4/5 D3. Das bedeutet: Emden ist auf Seite 4/5 im Planquadrat D3 zu finden.

Elmshorn	4/5 J1	Fröndenberg	4/5 E11
Else	4/5 F8	Fulda [Fluss]	4/5 J11, 53 B3
Elsfleth	4/5 F4	Fuldatal	4/5 J11
Elze	4/5 J8	Fürstenau	4/5 E6
Emden	4/5 D3, 53 A2	Fürth	53 C4
Emlichheim	4/5 C6		

4. Anna und Tim schlagen die Seite 4/5 auf. Am oberen Rand und am unteren Rand der Landkarte sind Buchstaben von A bis N von links nach rechts in blauen Pfeilspitzen angegeben. Am linken und rechten Rand sind Zahlen von 1 bis 11 eingetragen. Die Karte hat ein Gitternetz aus senkrechten und waagerechten Linien. Die Buchstaben bezeichnen die senkrechten Streifen, die Zahlen die waagerechten Streifen.

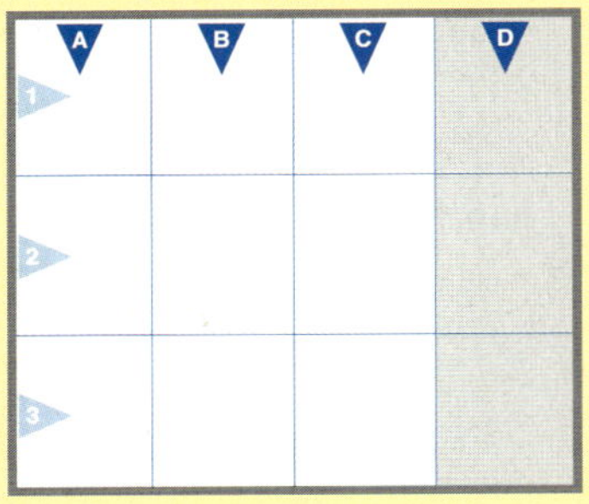

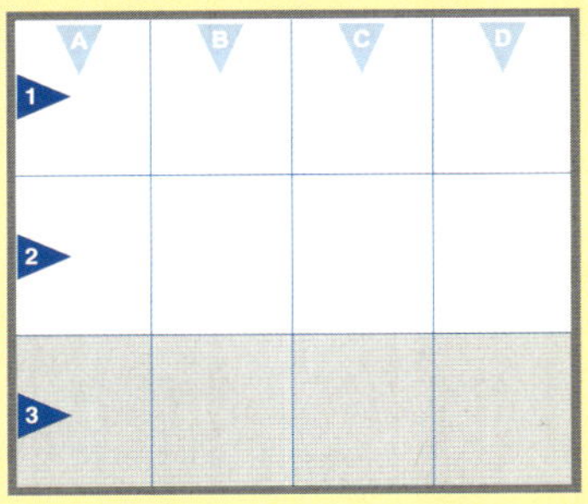

5. Jetzt suchen die Kinder das Planquadrat D3. Es liegt dort, wo sich der senkrechte Streifen D und der waagerechte Streifen 3 überlagern. In diesem Planquadrat ist die Stadt Emden eingezeichnet.

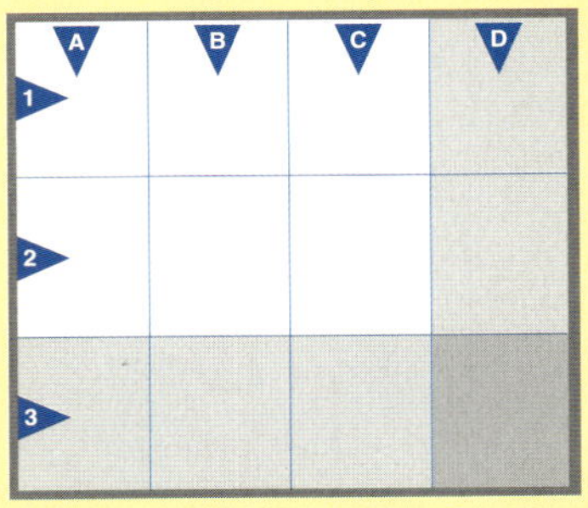

6. Geschafft! Jetzt können die Kinder Emden und seine Lage in Niedersachsen sehen und erkennen: Emden liegt im nordwestlichen Teil Niedersachsens an der Ems.

1. Übt das Finden von Städten, Flüssen und Landschaften auf den Niedersachsenkarten. Stellt euch gegenseitig Aufgaben, zum Beispiel „Wo liegt Wolfsburg?" oder „Wo fließt die Aller?" TIPP: Auf diese Weise könnt ihr auch Länder auf der Europakarte und auf der Weltkarte finden.

Himmelsrichtungen

Landkarten werden in der Regel so gezeichnet, dass sie „eingenordet" sind. Das heißt: Norden ist am oberen Kartenrand, Süden am unteren Kartenrand, Westen am linken Kartenrand und Osten am rechten Kartenrand. Die Windrose verdeutlicht die Himmelsrichtungen, nach denen wir uns orientieren. In Ausnahmefällen werden aber auch Landkarten und Pläne gezeichnet, die nicht eingenordet sind. In diesem Fall gibt ein Nordpfeil an, wo auf dieser Landkarte die Himmelsrichtung Norden zu finden ist.

Nutzt für Lagebeschreibung von Städten, Flüssen usw. die Himmelsrichtungen, z. B. „Der Harz liegt im Südosten von Niedersachsen." oder „Wolfsburg liegt östlich von Hannover."

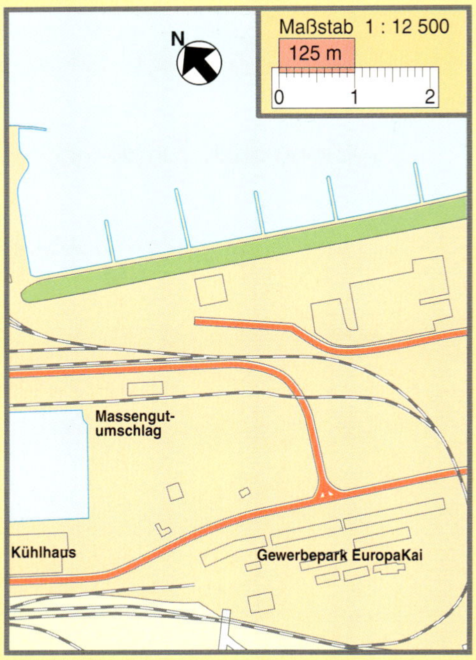

Die Zeichenerklärung – unverzichtbar beim Kartenlesen

Jede Karte enthält viele verschiedene Zeichen und Farben. Um eine Karte lesen zu können, müssen alle verwendeten Zeichen erklärt werden. Deswegen hat jede Karte eine Zeichenerklärung, die auch Legende genannt wird. Jedes Zeichen steht nicht für eine einzelne Gegebenheit, sondern für eine Gruppe von Gegebenheiten. Zum Beispiel das „●" steht nicht nur für die Stadt Lingen, sondern für alle Städte, die zwischen 50 000 und 100 000 Einwohner haben. Wenn man in einer Karte etwas nachschauen oder überprüfen will, muss immer in der Zeichenerklärung nachgesehen werden, was das jeweilige Zeichen bedeutet.

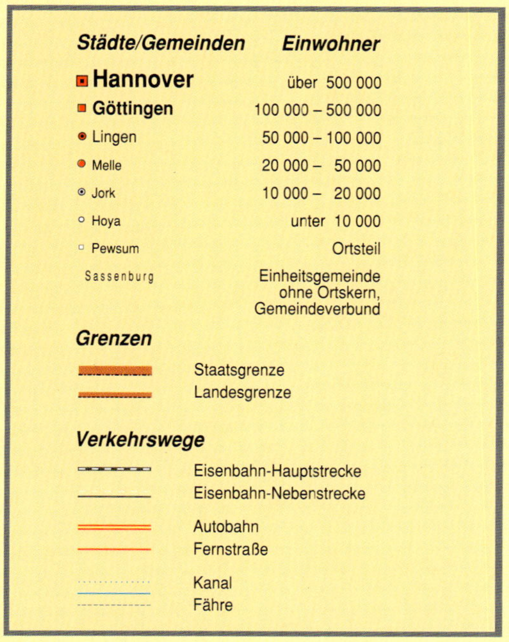

1. Schlagt die Karte auf Seite 4/5 auf und schaut nach, wie viele Orte es mit 50 000 bis 100 000 Einwohnern in Niedersachsen gibt.
2. Findet auf der Karte die Städte Wolfsburg und Osnabrück mit Hilfe des Ortsregisters. Stellt fest, ob diese Städte an Autobahnen liegen.
3. Nennt Verkehrswege, die die Städte Braunschweig, Hannover und Osnabrück verbinden.
4. Schaut auf der Karte auf Seite 4/5 nach, ob die westliche Grenze von Niedersachsen eine Staatsgrenze oder eine Landesgrenze ist.

Höhenschichten lesen

Die verschiedenen Landschaften Niedersachsens haben verschiedene Höhenlagen. Wie wird das auf den Karten dargestellt?
Die Zeichenerklärung zeigt, dass die Höhenlagen zu Höhenstufen zusammengefasst werden. Das heißt, dass alle Landschaften und Landschaftsteile, die z.B. 10 bis 20 Meter über dem Meeresspiegel liegen, mit hellgrüner Farbe in die Karten eingezeichnet worden sind. Den verschiedenen Höhenstufen werden verschiedene Farben zugeordnet. Eine Ausnahme sind die mit Rot markierten Siedlungsflächen. Sie geben keine Höhenlage an, sondern wo Wohn- und Industriegebiete mit vielen Häusern und zahlreichen Straßen liegen. Die Höhenlagen der Städte und Orte entsprechen in der Regel den umgebenden Landschaften.

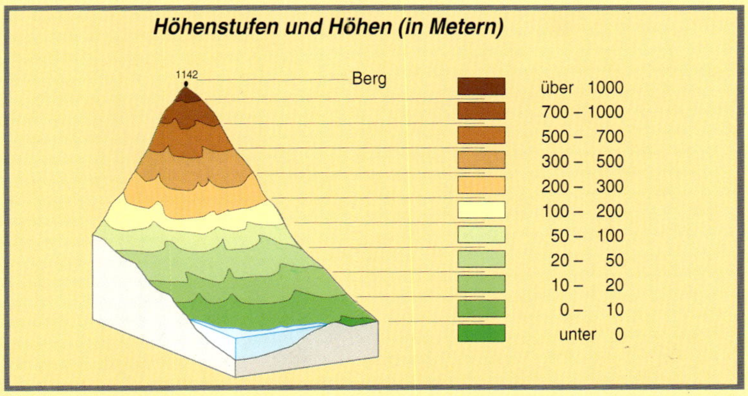

1. Findet Landschaftsteile auf der Niedersachsenkarte auf Seite 4/5, die unter dem Meeresspiegel liegen.
2. Wo sind auf der Karte Seite 4/5 die höchst liegenden Landesteile zu finden? Nennt die Höhenstufe und den höchsten Berg Niedersachsens.
3. Findet mit Hilfe der Karte auf Seite 4/5 heraus, in welcher Höhenstufe folgende Städte liegen: Vechta, Celle und Braunlage.

Karten einnorden

A Karten nach Geländemerkmalen einnorden
1. Wählt Merkmale im Gelände aus und findet sie auf der Karte.
2. Richtet die Karte so aus, dass die Lage der Merkmale auf der Karte mit denen im Gelände übereinstimmt.

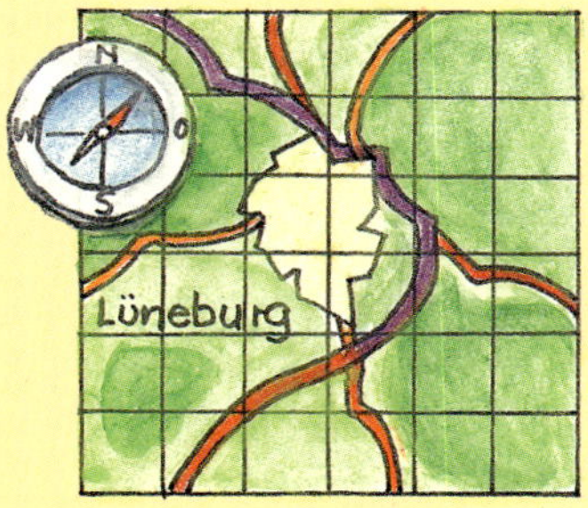

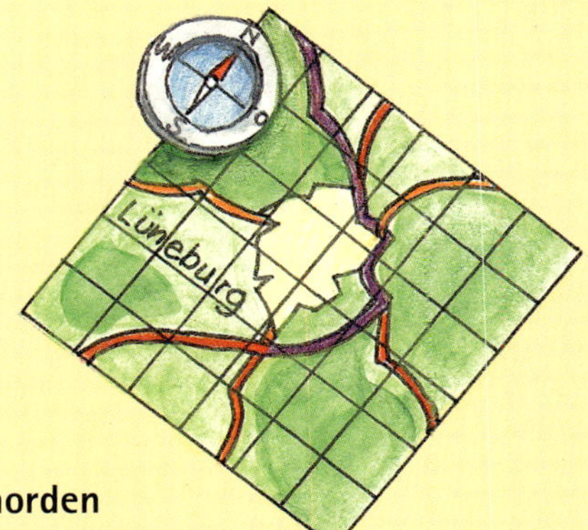

B Karten mit Kompass einnorden
1. Legt den Kompass auf die Karte und richtet ihn nach dem Gitternetz oder den Seitenrändern aus.
2. Dreht Karte und Kompass so, dass das farbige Ende der Nadel auf Norden zeigt.

Ortsregister

Aa 4/5 C9, 4/5 D8
Aachen 53 A3
Aalten 4/5 C9
Abu Dhabi 56/57 G3
Abuja 56/57 F3
Accra 56/57 E3
Achim 4/5 H4
Addis Abeba 56/57 G3
Adelebsen 4/5 J10
Adendorf 4/5 K3
Ägypten 56/57 FG3
Äquator 55 E3, 56/57 L3
Aerzen 4/5 H8
Äthiopien 56/57 G3
Afghanistan 56/57 H2
Afrika 55 C3
Ahaus 4/5 C8
Ahauser Aa 4/5 C8
Ahlen 4/5 E9
Ahrensbök 4/5 L1
Ahrensburg 4/5 K2
Aland 4/5 N5
Albanien 54 EF3
Aldekerk 4/5 B11
Alfeld 4/5 J8
Algerien 56/57 EF3
Algermissen 4/5 J7
Algier 56/57 F2
Aller 4/5 H5, 4/5 K6, 4/5 M7, 53 C2
Allgäu 53 C5
Allstedt 4/5 M11
Alme 4/5 G10
Almelo 4/5 C7
Alpen (Niederrhein) 4/5 C10
Alpen 53 CD5
Alpenvorland 53 CD4
Alsleben 4/5 N10
Alster 4/5 K1
Altena 4/5 E11
Altenau 4/5 K9
Altenbeken 4/5 G9
Altenberge 4/5 D8
Altes Land 4/5 J2
Altmark 53 C2
Ameland 4/5 A3
Amelinghausen 4/5 K4
Ammerland 4/5 E3
Amsterdam 54 D2
Andorra 54 D3
Angel 4/5 E9
Angola 56/57 F4
Ankara 54 G4
Ankum 4/5 E6
Ankumer Höhe 4/5 E6
Anloo 4/5 C4
Anröchte 4/5 F10
Antananarivo 56/57 G4
Antarktis 55 C6
Apeldoorn 4/5 A8
Apen 4/5 E4
Appingedam 4/5 C3
Arcen 4/5 B11
Arendsee 4/5 M5
Argentinien 56/57 CD5
Arnheim 4/5 A9, 53 A3
Arnsberg 4/5 F11
Artern 4/5 M11
Ascheberg 4/5 E9
Aschendorf 4/5 D4
Aschersleben 4/5 M9
Asendorf 4/5 G5
Asien 55 D2
Assen 4/5 C5
Astana 56/57 H2
Athen 54 F4
Atlantischer Ozean 54 B2, 55 B3-4, 56/57 D3
Aue (Leda) 4/5 E4
Aue (Leine) 4/5 H7
Augsburg 53 C4
Augustdorf 4/5 G9
Aurich 4/5 D3
Australien 55 E4, 56/57 K4

Bad Arolsen 4/5 H11
Bad Bederkesa 4/5 G2
Bad Bentheim 4/5 D7
Bad Bevensen 4/5 L4
Bad Bodenteich 4/5 L5
Bad Bramstedt 4/5 J1
Bad Driburg 4/5 H9
Bad Essen 4/5 F7
Bad Fallingbostel 4/5 J5
Bad Frankenhausen 4/5 M11
Bad Gandersheim 4/5 K9
Bad Grund 4/5 K9
Bad Harzburg 4/5 L9
Bad Iburg 4/5 F8
Bad Karlshafen 4/5 H10
Bad Kleinen 4/5 M1
Bad Laer 4/5 F8
Bad Lauterberg 4/5 K10
Bad Lippspringe 4/5 G9
Bad Münder 4/5 H8
Bad Nenndorf 4/5 H7
Bad Oeynhausen 4/5 G8
Bad Oldesloe 4/5 K1
Bad Pyrmont 4/5 H8
Bad Rothenfelde 4/5 F8
Bad Sachsa 4/5 L10
Bad Salzdetfurth 4/5 K8
Bad Salzuflen 4/5 G8
Bad Schwartau 4/5 L1
Bad Segeberg 4/5 K1
Bad Zwischenahn 4/5 F4
Baden-Württemberg 52 B4
Bagdad 56/57 G2
Bakum 4/5 F6
Ballenstedt 4/5 M10
Baltrum 4/5 D1
Balve 4/5 E11
Bamberg 53 C4
Bangkok 56/57 J3
Bangladesch 56/57 HJ3
Bardowick 4/5 K3
Bargteheide 4/5 K2
Barleben 4/5 N8
Barmstedt 4/5 J1
Barnstorf 4/5 G6
Barntrup 4/5 H8
Barsinghausen 4/5 H7
Barßel 4/5 E4
Basel 53 A5
Bassum 4/5 G5
Baunatal 4/5 H11
Bayerischer Wald 53 D4
Bayern 52 C4
Bebertal 4/5 M7
Beckum 4/5 F9
Bedburg-Hau 4/5 B9
Bedum 4/5 C3
Beetsterzwaag 4/5 B4
Beetzendorf 4/5 M6
Beilen 4/5 C5
Belecke 4/5 F11
Belgien 54 D2
Belgrad 54 F3
Belize 56/57 C3
Belm 4/5 F7
Benneckenstein 4/5 L10
Bensersiel 4/5 E2
Berenbostel 4/5 J7
Berga 4/5 L11
Bergen (Heide) 4/5 J5
Bergen (Dumme) 4/5 L5
Bergkamen 4/5 E10
Berkel 4/5 C8
Berlin 52 D2, 53 D2, 54 E2, 56/57 F2
Bern 54 D3
Bernburg 4/5 N9
Berne 4/5 F4
Bersenbrück 4/5 E6
Bever 4/5 E8
Bevern 4/5 H9
Beverstedt 4/5 G3
Beverungen 4/5 H10
Bielefeld 4/5 G8, 53 B2
Bienenbüttel 4/5 K4
Biese 4/5 N5
Billerbeck 4/5 D9
Bismark 4/5 N6
Bispingen 4/5 K4
Bissendorf (b. Osnabrück) 4/5 F8
Bissendorf (Wedemark-) 4/5 J6
Blankenburg 4/5 L9
Bleckede 4/5 L3
Bleicherode 4/5 L11
Blomberg 4/5 H9
Bocholt 4/5 C9
Bochum 4/5 D11
Bockenem 4/5 K8
Bockhorn 4/5 F3
Bode 4/5 M9
Bodensee 53 B5
Bodenwerder 4/5 J9
Böhme 4/5 J5
Böhmerwald 53 D4
Bönen 4/5 E10
Börde 53 C3
Bösel 4/5 E4
Boffzen 4/5 H9
Bogotá 56/57 C3
Bohmte 4/5 F7
Boizenburg 4/5 L3
Bolivien 56/57 C4
Bomlitz 4/5 J5
Bonn 53 A3
Borchen 4/5 G10
Borculo 4/5 C8
Borgentreich 4/5 H10
Borger 4/5 C5
Borken 4/5 C9
Borkum 4/5 C2
Borne 4/5 C7
Bosnien-Herzegowina 54 E3
Botswana 56/57 F4
Bottrop 4/5 C10
Bovenden 4/5 J10
Brake 4/5 F3
Brakel 4/5 H10
Bramsche 4/5 E7
Brandenburg 4/5 N4, 52 DE2
Brasilia 56/57 D4
Brasilien 56/57 D4
Braunlage 4/5 L10
Braunschweig 4/5 L7, 53 C2
Breckerfeld 4/5 E11
Bremen 4/5 G4, 52 B2, 53 B2
Bremerhaven 4/5 G2, 53 B2
Bremervörde 4/5 H2
Brilon 4/5 G11
Brinkum 4/5 G4
Brockel 4/5 J4
Brocken 4/5 L9
Brome 4/5 L6
Brookmerland 4/5 D2
Bruchberg 4/5 L9
Bruchhausen-Vilsen 4/5 G5
Brüel 4/5 N2
Brüggen 4/5 B11
Brummen 4/5 B8
Brunei 56/57 J3
Brunsbüttel 4/5 H1
Brüssel 54 D2
Büchen 4/5 L3
Buchholz 4/5 J3
Bückeburg 4/5 H7
Budapest 54 E3
Buenos Aires 56/57 D5
Bukarest 54 F3
Bulgarien 54 F3
Bunde 4/5 D4
Bünde 4/5 G8
Büren 4/5 G10
Burgdorf 4/5 K7
Burgwedel 4/5 J6
Burhave 4/5 F2
Butjadingen 4/5 F2
Buxtehude 4/5 J3

Cadenberge 4/5 H1
Calberlah 4/5 L7
Calden 4/5 H11
Calvörde 4/5 M7
Canberra 56/57 K5
Cappeln 4/5 F5
Caracas 56/57 C3
Carolinensiel 4/5 E2
Castrop-Rauxel 4/5 D10
Celle 4/5 K6
Chemnitz 53 D3
Chile 56/57 C5
China 56/57 J2
Chisinau 54 F3
Clausthal-Zellerfeld 4/5 K9
Cloppenburg 4/5 F5
Coblitz 4/5 N7
Cochstedt 4/5 M9
Coesfeld 4/5 D9
Coevorden 4/5 C6
Colombo 56/57 H3
Coppenbrügge 4/5 J8
Costa Rica 56/57 C3
Cottbus 53 E3
Cremlingen 4/5 L7
Crivitz 4/5 N2
Cuxhaven 4/5 G1

Dänemark 54 DE2
Dahlenburg 4/5 L4
Dakar 56/57 E3
Damme 4/5 F6
Dammer Berge 4/5 F6
Dannenberg 4/5 M4
Dardesheim 4/5 L9
Darmstadt 53 B4
Dassel 4/5 J9
Dassow 4/5 L1
Datteln 4/5 D10
Dedemsvaart 4/5 B6
Deister 4/5 H7
Delbrück 4/5 G9
Delden 4/5 C7
Delfzijl 4/5 C3
Delligsen 4/5 J9
Delme 4/5 G5
Delmenhorst 4/5 G4
Denekamp 4/5 C7
Derenburg 4/5 L9
Dessau 53 D3
Detmold 4/5 G9
Deutsch Evern 4/5 K4
Deutschland 54 DE2, 56/57 F2
Deventer 4/5 B7
Didam 4/5 B9
Diekholzen 4/5 J8
Diemel 4/5 G11, 4/5 H10
Diemelstadt 4/5 G11
Diepenveen 4/5 B7
Diepholz 4/5 F6
Dieren 4/5 B8
Diesdorf 4/5 L5
Dingelstädt 4/5 K11
Dinkel 4/5 D8
Dinklage 4/5 F6
Dinslaken 4/5 C10
Dissen 4/5 F8
Dömitz 4/5 M4
Dörpen 4/5 D5
Dörverden 4/5 H5
Doesburg 4/5 B8
Doetinchem 4/5 B9

Dötlingen 4/5 F5
Dokkum 4/5 A3
Dollart 4/5 D3
Dominikanische Republik 56/57 C3
Donau 53 C
Dorfmark 4/5 J5
Dornum 4/5 D2
Dorsten 4/5 C10
Dortmund 4/5 D10, 53 A3
Dortmund-Ems-Kanal 4/5 D6
Dorum 4/5 G2
Drachten 4/5 B4
Dransfeld 4/5 J10
Drensteinfurt 4/5 E9
Dresden 52 D3, 53 D3
Drochtersen 4/5 H2
Dschibuti 56/57 G3
Dublin 54 C2
Duderstadt 4/5 K10
Duingen 4/5 J8
Duisburg 4/5 C11, 53 A3
Dülmen 4/5 D9
Dümmer 4/5 F6
Düsseldorf 4/5 C11, 52 A3

Ebeleben 4/5 L11
Ebergötzen 4/5 K10
Ebstorf 4/5 K4
Echte 4/5 K9
Ecuador 56/57 C4
Edemissen 4/5 K7
Edewecht 4/5 E4
Eelde-Paterswolde 4/5 C4
Eemskanaal 4/5 C3
Egeln 4/5 M9
Eger 53 D3
Eggegebirge 4/5 G9
Eibergen 4/5 C8
Eifel 53 A3
Eilsleben 4/5 M8
Einbeck 4/5 J9
Eisleben 4/5 N10
El Salvador 56/57 C3
Elbe 4/5 H1, 4/5 L4, 4/5 N8, 53 C2
Elbe-Lübeck-Kanal 4/5 L2
Elbe-Seitenkanal 4/5 L4
Elbingerode 4/5 L9
Elbsandsteingebirge 53 E3
Eldagsen 4/5 J8
Elde 4/5 M3
Eldena 4/5 M4
Ellrich 4/5 L10
Elm 4/5 L8
Elmshorn 4/5 J1
Else 4/5 F8
Elsfleth 4/5 F4
Elze 4/5 J8
Emden 4/5 D3, 53 A2
Emlichheim 4/5 C6
Emmen 4/5 C5
Emmer 4/5 H8
Emmerich 4/5 B9
Emmerthal 4/5 H8
Ems 4/5 C3, 4/5 D6, 4/5 E8, 4/5 G9, 53 A3
Ems-Jade-Kanal 4/5 E3
Emsbüren 4/5 D7
Emscher 4/5 C10
Emsdetten 4/5 E8
Emsland 4/5 D6
Emstek 4/5 F5
Enger 4/5 G8
Ennepetal 4/5 D11
Ennigerloh 4/5 F9
Enschede 4/5 C8, 53 A2
Ense 4/5 E10
Epe 4/5 D8
Erfurt 52 C3, 53 C3
Erwitte 4/5 F10
Erxleben 4/5 M8
Erzgebirge 53 D3
Eschede 4/5 K6
Eschershausen 4/5 J9
Esens 4/5 E2
Espelkamp 4/5 G7
Essen (Oldenburg) 4/5 E6
Essen (Ruhr) 4/5 D11, 53 A3
Esterwegen 4/5 E5
Estland 54 F2
Europa 55 C2
Extertal 4/5 H8
Eystrup 4/5 H5

Faßberg 4/5 K5
Fehmarn 53 C1
Fichtelgebirge 53 C3
Finnland 54 F1, 56/57 F1
Fintel 4/5 J4
Fläming 53 D2
Flensburg 53 B1
Förderstedt 4/5 N9
Fränkische Alb 53 C4
Frankenwald 53 C3
Frankfurt/M 53 B3
Frankfurt/O 53 E2
Frankreich 54 CD3, 56/57 F2
Freden 4/5 J9
Fredenbeck 4/5 H2
Freiburg (Breisgau) 53 A5
Freiburg (Elbe) 4/5 H1
Freren 4/5 E7
Friedeburg 4/5 E3
Friedland 4/5 J11
Friedrichskoog 4/5 G1
Friesoythe 4/5 E4
Fröndenberg 4/5 E11
Fulda [Fluss] 4/5 J11, 53 B3
Fuldatal 4/5 J11
Fürstenau 4/5 E6
Fürth 53 C4

Gabun 56/57 F4
Gadebusch 4/5 M2
Ganderkesee 4/5 G4
Garbsen 4/5 J7
Gardelegen 4/5 M6
Garrel 4/5 F5
Gartow 4/5 M4
Geeste 4/5 D6
Geeste [Fluss] 4/5 G2
Geesthacht 4/5 K3
Gehrden 4/5 J7
Geldern 4/5 B10
Gelsenkirchen 4/5 D10
Gendringen 4/5 B9
Genemuiden 4/5 B6
Georgien 56/57 G2
Georgsmarienhütte 4/5 F8
Gera 53 D3
Gerbstedt 4/5 N10
Gernrode 4/5 M10
Gescher 4/5 D9
Geseke 4/5 G10
Gevelsberg 4/5 D11
Ghana 56/57 EF3
Gieboldehausen 4/5 K10
Giesen 4/5 J8
Gifhorn 4/5 L6
Gittelde 4/5 K9
Gladbeck 4/5 C10
Glandorf 4/5 F8
Gleichen 4/5 K11
Glinde 4/5 K2
Glückstadt 4/5 H1
Gnarrenburg 4/5 H3
Goch 4/5 B10
Görlitz 53 E3
Göttingen 4/5 J10, 53 C3
Goldenstedt 4/5 F5
Goor 4/5 C8
Gorleben 4/5 M4
Gorredijk 4/5 B5
Gorssel 4/5 B8
Goslar 4/5 K9
Grabow 4/5 N3
Grasberg 4/5 G4
Grasleben 4/5 M7
Greetsiel 4/5 D2
Grefrath 4/5 B11
Greven 4/5 E8
Grevesmühlen 4/5 M1
Griechenland 54 F4, 56/57 F2
Griftkanaal 4/5 B8
Groenlo 4/5 C8
Gronau (Leine) 4/5 J8
Gronau (Westfalen) 4/5 D8
Groningen 4/5 C4, 53 A2
Grootegast 4/5 B4
Großalmerode 4/5 J11
Großbritannien 54 C2, 56/57 EF2
Große Aa 4/5 D7
Große Aue 4/5 G7
Großefehn 4/5 E3
Großenkneten 4/5 F5
Großhansdorf 4/5 K2
Großheide 4/5 D2
Guatemala 56/57 B3
Guinea 56/57 E3
Güsten 4/5 N9
Gütersloh 4/5 F9
Guxhagen 4/5 J11
Guyana 56/57 D3

Haaksbergen 4/5 C8
Haarstrang 4/5 F10
Habichtswald 4/5 H11
Hänigsen 4/5 K7
Hage 4/5 D2
Hagen
Hagen (b. Bremen) 4/5 G3
Hagen (b. Osnabrück) 4/5 E8
Hagen (NRW) 4/5 D11, 53 A3
Hagenburg 4/5 H7
Hagenow 4/5 M3
Haiti 56/57 C3
Halberstadt 4/5 M9
Haldensleben 4/5 M7
Halle (Saale) 53 C3
Halle (Westfalen) 4/5 F8
Halstenbek 4/5 J2
Haltern 4/5 D10
Hambergen 4/5 G3
Hambühren 4/5 J6
Hamburg 4/5 K2, 52 C2, 53 C2
Hameln 4/5 H8
Hamm 4/5 E10, 53 A3
Hamme-Oste-Kanal 4/5 G3
Hamminkeln 4/5 C10
Hankensbüttel 4/5 L6
Hannover 4/5 J7, 52 B2, 53 B2
Hannoversch Münden 4/5 J11
Hanoi 56/57 J3
Hanstedt 4/5 K3
Hardegsen 4/5 J10
Haren (b. Groningen) 4/5 C4
Haren (Ems) 4/5 D5
Harlingersiel 4/5 E2
Harpstedt 4/5 G5
Harsefeld 4/5 J3
Harsewinkel 4/5 F9
Harsum 4/5 J8
Harz 4/5 L9, 53 C3
Harzgerode 4/5 M10
Hasbergen 4/5 E8
Hase 4/5 E6, 4/5 E7, 4/5 F8
Haselünne 4/5 D6
Hasselfelde 4/5 L10
Hasselt 4/5 B6
Hattem 4/5 B7
Hatten 4/5 F4
Hattingen 4/5 D11
Hattorf 4/5 K10
Havanna 56/57 C3
Havel 53 D2
Havelte 4/5 B5
Havixbeck 4/5 D9
Hecklingen 4/5 N9
Heerde 4/5 B7
Heeslingen 4/5 H3
Heidelberg 53 B4
Heiden 4/5 C9
Heilbronn 53 B4
Heiligenhaus 4/5 D11
Heiligenstadt 4/5 K11
Helgoland 53 A1
Helme 4/5 M11
Helmstedt 4/5 L8
Helsa 4/5 J11
Helsinki 54 F1
Hemer 4/5 E11
Hemmingen 4/5 J7
Hemmoor 4/5 H2
Hengelo (b. Enschede) 4/5 C7
Hengelo (IJssel) 4/5 B8
Henstedt-Ulzburg 4/5 J1
Herdecke 4/5 D11
Herford 4/5 G8
Heringen 4/5 L11
Hermannsburg 4/5 K5
Herne 4/5 D10
Herten 4/5 D10
Herzberg 4/5 K10
Herzebrock 4/5 F9
Hesel 4/5 E3
Hessen 4/5 G11, 52 B3
Hessen (Sachsen-Anh.) 4/5 L8
Hessisch Lichtenau 4/5 J11
Hessisch Oldendorf 4/5 H8
Hessisches Bergland 53 B3
Hettstedt 4/5 N10
Hildesheim 4/5 J8, 53 B2
Hille 4/5 G7
Hils 4/5 J9
Hilter 4/5 F8
Himmelpforten 4/5 H2
Hinte 4/5 D3
Hitzacker 4/5 M4
Hodenhagen 4/5 J5
Hörstel 4/5 E7
Hötensleben 4/5 M8
Hövelhof 4/5 G9
Höxter 4/5 H9
Hof 53 C3
Hofgeismar 4/5 H10
Hohenhameln 4/5 K7
Holdorf 4/5 F6
Holle 4/5 K8
Hollenstedt 4/5 J3
Holten 4/5 B7
Holzminden 4/5 H9
Holzwickede 4/5 E11
Homert 4/5 F11
Honduras 56/57 C3
Hoogeveen 4/5 B6
Hoogezand-Sappemeer 4/5 C4
Hooksiel 4/5 F2
Hopsten 4/5 E7
Horn-Bad Meinberg 4/5 G9
Hornburg 4/5 L8
Horneburg 4/5 J2
Horst (NL) 4/5 B11
Horst (Steinburg) 4/5 J1
Horstmar 4/5 D8
Hoya 4/5 H5
Hoym 4/5 M9
Hude 4/5 F4

Ortsregister

Hüllhorst 4/5 G7
Hunsrück 53 A4
Hunte 4/5 F4, 4/5 F7
Hünxe 4/5 C10

Ibbenbüren 4/5 E7
Ihlow 4/5 D3
IJssel 4/5 B7
Ilfeld 4/5 L10
Iller 53 C4
Ilmenau 4/5 K3
Ilsede 4/5 K7
Ilsenburg 4/5 L9
Indien 56/57 H3
Indischer Ozean 55 D4, 56/57 H4
Indonesien 56/57 J4
Ingolstadt 53 C4
Inn 53 D4
Innerste 4/5 K8
Innsbruck 53 C5
Irak 56/57 G2
Iran 56/57 G2
Irland 54 C2, 56/57 E2
Isar 53 D4
Isenbüttel 4/5 L7
Iserlohn 4/5 E11
Isernhagen 4/5 J7
Islamabad 56/57 H2
Island 54 B1, 56/57 E1
Issel 4/5 C9
Isselburg 4/5 B9
Issum 4/5 B10
Italien 54 E3, 56/57 F2
Ith 4/5 J8
Itzehoe 4/5 J1

Jade 4/5 F3
Jadebusen 4/5 F3
Jakarta 56/57 J4
Jamaika 56/57 C3
Japan 56/57 K2
Jaunde 56/57 F3
Jeetze 4/5 M5
Jeetzel 4/5 M4
Jemen 56/57 G3
Jena 53 C3
Jerxheim 4/5 L8
Jesteburg 4/5 J3
Jever 4/5 E2
Jork 4/5 J2
Juist 4/5 C2

Kabul 56/57 H2
Kairo 56/57 G3
Kaiserslautern 53 A4
Kalbe 4/5 M6
Kalefeld 4/5 K9
Kalkar 4/5 B10
Kalletal 4/5 G8
Kaltenkirchen 4/5 J1
Kambodscha 56/57 J3
Kamen 4/5 E10
Kamerun 56/57 F3
Kamp-Lintfort 4/5 C10
Kampala 56/57 G3
Kampen 4/5 A6
Kanada 56/57 B2
Karlsruhe 53 B4
Karstädt 4/5 N4
Kasachstan 56/57 GH2
Kassel 4/5 J11, 53 B3
Katlenburg-Lindau 4/5 K10
Kaufungen 4/5 J11
Kellinghusen 4/5 J1
Kempen 4/5 B11
Kempten 53 C5
Kenia 56/57 G3
Kerken 4/5 B11
Kevelaer 4/5 B10
Khartum 56/57 G3
Kiel 52 C1, 53 C1
Kiew 54 G2
Kindelbrück 4/5 M11
Kinshasa 56/57 F4
Kirchdorf 4/5 G6
Kirchlengern 4/5 G8
Kirchlinteln 4/5 H5
Kirgisistan 56/57 H2
Klazienaveen 4/5 C6
Kleve 4/5 B9
Klötze 4/5 M6
Klostermansfeld 4/5 M10
Koblenz 53 A3
Köln 53 A3
Königslutter 4/5 L7
Kolumbien 56/57 C3
Kongo 56/57 F4
Konstanz 53 B5
Kopenhagen 54 E2
Korbach 4/5 G11
Kranenburg 4/5 B9
Krefeld 4/5 C11, 53 A3
Kreiensen 4/5 J9
Kroatien 54 E3
Kroppenstedt 4/5 M9
Krummhörn 4/5 D3
Kuba 56/57 C3
Küstenkanal 4/5 E4
Kyffhäuser 4/5 M11

La Paz 56/57 C4
Laatzen 4/5 J7
Lachendorf 4/5 K6
Ladbergen 4/5 E8
Laer 4/5 D8
Lage 4/5 G8
Lahn 53 B3
Lahstedt 4/5 K8
Laibach 54 E3
Lamspringe 4/5 K9
Lamstedt 4/5 H2
Land Hadeln 4/5 G1
Landesbergen 4/5 H6
Langelsheim 4/5 K9
Langen 4/5 G2
Langenberg 4/5 F9
Langenhagen 4/5 J7
Langeoog 4/5 E1
Langwedel 4/5 H5
Laos 56/57 J3
Lastrup 4/5 E5
Lathen 4/5 D5
Lauenau 4/5 H7
Lauenburg 4/5 L3
Lauwersmeer 4/5 B3
Lech 53 C4
Leda 4/5 E4
Leek 4/5 B4
Leer 4/5 D4
Leeste 4/5 G5
Lehre 4/5 L7
Lehrte 4/5 J7
Leiferde 4/5 K7
Leine 4/5 J6, 4/5 J8, 4/5 K11, 53 B2
Leinefelde 4/5 K11
Leipzig 53 D3
Lembruch 4/5 F6
Lemförde 4/5 F7
Lemgo 4/5 G8
Lemwerder 4/5 G4
Lengede 4/5 K8
Lengerich 4/5 E8
Lenne 4/5 E11
Leopoldshöhe 4/5 G8
Lettland 54 F2
Letzlingen 4/5 M7
Liberia 56/57 E3
Libyen 56/57 F3
Lichtenau 4/5 G10
Lichtenvoorde 4/5 C9
Liebenau 4/5 H6
Liebenburg 4/5 K8
Liechtenstein 54 D3
Lienen 4/5 E8
Lilienthal 4/5 G4
Lima 56/57 C4
Lindhorst 4/5 H7
Lingen 4/5 D6
Linz (Donau) 53 E4
Lippe 4/5 C10, 4/5 F10, 53 A3
Lipper Land 4/5 G8
Lippetal 4/5 F10
Lippstadt 4/5 F10
Lissabon 54 C3
Litauen 54 F2
Lochem 4/5 B8
Löcknitz 4/5 N4
Löhne 4/5 G8
Löningen 4/5 E6
Lohfelden 4/5 J11
Lohne 4/5 F6
London 54 C2, 56/57 E2
Losser 4/5 C7
Lotte 4/5 E7
Loxstedt 4/5 G3
Luanda 56/57 F4
Lübbecke 4/5 G7
Lübeck 4/5 L1, 53 C2
Lübtheen 4/5 M3
Lüchow 4/5 M5
Lüdinghausen 4/5 D9
Ludwigshafen 53 B4
Ludwigslust 4/5 M3
Lügde 4/5 H9
Luhe 4/5 K3
Lune 4/5 G3
Lüneburg 4/5 K3
Lüneburger Heide 4/5 K4, 53 C2
Lünen 4/5 E10
Lutter 4/5 K9
Luxemburg 54 D3

Maas 4/5 B10, 53 A3
Madagaskar 56/57 G4
Madrid 54 C3
Magdeburg 4/5 N8, 52 C2, 53 C2
Main 53 C3
Mainz 52 B4, 53 B4
Makedonien 54 F3
Malaysia 56/57 J3
Mali 56/57 EF3
Malta 54 E4
Manila 56/57 K3
Mannheim 53 B4
Mansfeld 4/5 M10
Maputo 56/57 G4
Marburg 53 B3
Marienborn 4/5 M8
Marka 4/5 E5
Markelo 4/5 B8
Marklohe 4/5 H6
Marl 4/5 D10
Marne 4/5 H1
Marokko 56/57 E2
Marsberg 4/5 G11
Marschacht 4/5 K3
Maschen 4/5 K3
Maskat 56/57 G3
Mauretanien 56/57 E3
Mecklenburg-Vorpommern 4/5 M2, 52 CD2
Mecklenburgische Seenplatte 53 CD2
Meerbusch 4/5 C11
Meine 4/5 L7
Meinersen 4/5 K7
Meiße 4/5 J5
Melle 4/5 F8
Mellendorf 4/5 J6
Mellum 4/5 F1
Memmert 4/5 C2
Menden 4/5 E11
Meppel 4/5 B6
Meppen 4/5 D6
Meschede 4/5 F11
Metelen 4/5 D8
Mettingen 4/5 E7
Mettmann 4/5 C11
Metz 53 A4
Mexiko [Land] 56/57 B3
Mexiko [Stadt] 56/57 B3
Milde 4/5 M6
Minden 4/5 G7
Minsk 54 F2
Mittellandkanal 4/5 F7, 4/5 M7, 53 C2
Mittelmeer 54 D4
Mittelradde 4/5 D5
Möhne 4/5 F10
Mölln 4/5 L2
Moers 4/5 C11
Mogadischu 56/57 G3
Molbergen 4/5 E5
Moldau 53 E4
Moldawien 54 F3
Monaco 54 D3
Mongolei 56/57 J2
Montevideo 56/57 D5
Moordorf 4/5 D3
Moormerland 4/5 D3
Moringen 4/5 J10
Mosambik 56/57 G4
Mosel 53 A4
Moskau 54 G2, 56/57 G2
Mücheln 4/5 N11
Müden 4/5 K6
Mülheim 4/5 C11
München 52 C4, 53 C4
Münster 4/5 E9
Münster 53 A3
Münsterland 4/5 D9, 53 A3
Mulde 53 D3
Munster 4/5 K5
Musselkanaal 4/5 D5
Myanmar 56/57 J3

Nairobi 56/57 G4
Namibia 56/57 F4
Nancy 53 A4
Naumburg 4/5 H11
Nebra 4/5 N11
Neckar 53 B4
Neede 4/5 C8
Neetze 4/5 L3
Nepal 56/57 H3
Nesse 4/5 D2
Neßmersiel 4/5 D2
Nethe 4/5 H10
Nettetal 4/5 B11
Neu-Delhi 56/57 H3
Neu-Wulmstorf 4/5 J3
Neubeckum 4/5 F9
Neubrandenburg 53 D2
Neuenburg 4/5 E3
Neuenhaus 4/5 C7
Neuenkirchen (b. Bramsche) 4/5 E7
Neuenkirchen (b. Soltau) 4/5 J4
Neuenkirchen (Westfalen) 4/5 D8
Neuenkirchen-Vörden 4/5 F6/7
Neuenrade 4/5 E11
Neuharlingersiel 4/5 E2
Neuhaus (Elbe) 4/5 L3

Ortsregister

Neuhaus (Land Hadeln) 4/5 H1
Neuhaus (Solling) 4/5 J9
Neukirchen-Vluyn 4/5 C11
Neuseeland 56/57 L5
Neustadt 4/5 H6
Neustadt-Glewe 4/5 N3
Neuwerk 4/5 F1
Neviges 4/5 D11
Nicaragua 56/57 C3
Niederlande 4/5 B5, 53 A2, 54 D2
Niederrheinisches Tiefland 4/5 B9-10
Niedersachsen 52 BC2
Nieheim 4/5 H9
Nienburg (Saale) 4/5 N9
Nienburg (Weser) 4/5 H6
Nienhagen 4/5 K6
Nienstädt 4/5 H7
Niers 4/5 B10, 4/5 B11
Nieuwe Pekela 4/5 C4
Nieuweschans 4/5 D4
Nieuwleusen 4/5 B6
Niger 56/57 F3
Nigeria 56/57 F3
Nijverdal 4/5 B7
Nörten-Hardenberg 4/5 J10
Noordwolde 4/5 B5
Nord-Ostsee-Kanal 4/5 H1
Nordamerika 55 A2
Norddeich 4/5 D2
Norden 4/5 D2
Nordenham 4/5 F2
Norderney 4/5 D2
Norderstedt 4/5 K2
Nordfriesland 53 B1
Nordhausen 4/5 L10
Nordholz 4/5 G1
Nordhorn 4/5 D7
Nordkorea 56/57 K2
Nordrhein-Westfalen 4/5 C9, 52 AB3
Nordsee 4/5 B2, 10/11 D1, 53 A1, 54 D2
Nordstemmen 4/5 J8
Nordwalde 4/5 D8
Northeim 4/5 K10
Norwegen 54 DE1, 56/57 F1
Nottuln 4/5 D9
Nürnberg 53 C4

Oberhausen 4/5 C11
Obernkirchen 4/5 H7
Oberpfälzer Wald 53 D4
Ochtrup 4/5 D8
Odenwald 53 B4
Oder (Harz) 4/5 K10
Oder 53 E2
Oderbruch 53 E2
Oebisfelde 4/5 L7
Oelde 4/5 F9
Oer-Erkenschwick 4/5 D10
Oerlinghausen 4/5 G9
Örtze 4/5 K5
Österreich 54 E3
Övelgönne 4/5 F3
Ohre 4/5 M7
Oker 4/5 L8
Oldenburg 4/5 F4, 53 B2
Oldenburgisches Münsterland 4/5 E5
Oldenzaal 4/5 C7
Oldersum 4/5 D3
Oldisleben 4/5 M11
Olfen 4/5 D10
Olsberg 4/5 F11
Olst 4/5 B7
Olvenstedt 4/5 N8
Oman 56/57 G3
Ommen 4/5 B6
Oosterwolde 4/5 B4
Oschersleben 4/5 M8
Oslo 54 D1
Osnabrück 4/5 F7, 53 B2
Ostbevern 4/5 E8
Oste 4/5 H2
Osterburg 4/5 N5
Osterholz-Scharmbeck 4/5 G4
Osterkappeln 4/5 F7
Osterode 4/5 K10
Osterwieck 4/5 L9
Ostfriesland 4/5 D2, 53 A2
Ostrhauderfehn 4/5 E4
Ostsee 53 D1, 54 EF2
Ottawa 56/57 C2
Otterndorf 4/5 G1
Ottersberg 4/5 H4
Oude Pekela 4/5 D4
Oyten 4/5 H4

Paderborn 4/5 G10, 53 B3
Pakistan 56/57 H3
Panama 56/57 C3
Papenburg 4/5 D4
Papua-Neuguinea 56/57 K4
Paraguay 56/57 D4
Paris 54 D3, 56/57 F2
Passau 53 D4
Pattensen 4/5 J7
Pazifischer Ozean 55 A3-4, 56/57 B3-4,
Peine 4/5 K7
Peking 56/57 J2
Peru 56/57 C4
Petershagen 4/5 G7
Pewsum 4/5 D3
Pfälzerwald 53 AB4
Pforzheim 53 B4
Philippinen 56/57 K3
Pilsen 53 D4
Pinneberg 4/5 J2
Plauen 53 D3
Polen 54 EF2, 56/57 F2
Polle 4/5 H9
Porta Westfalica 4/5 G7
Portugal 54 C3-4, 56/57 E2
Potsdam 52 D2, 53 D2
Prag 53 E3, 54 E2
Preßburg 54 E3
Pretoria 56/57 F4
Preußisch Oldendorf 4/5 F7
Prignitz 53 C2

Quakenbrück 4/5 E6
Quedlinburg 4/5 M9
Querfurt 4/5 N11
Quickborn 4/5 J2
Quito 56/57 C3

Raalte 4/5 B7
Rabat 56/57 E2
Raesfeld 4/5 C9
Rahden 4/5 G7
Ramberg 4/5 M10
Rangun 56/57 J3
Rappbodestausee 4/5 L10
Rastede 4/5 F3
Ratekau 4/5 L1
Ratingen 4/5 C11
Ratzeburg 4/5 L2
Ratzeburger See 4/5 L2
Recke 4/5 E7
Recklinghausen 4/5 D10
Rees 4/5 B9
Regensburg 53 D4
Regge 4/5 B7
Rehburg-Loccum 4/5 H7
Rehna 4/5 M1
Reinbek 4/5 K2
Reinfeld 4/5 K1
Reinhardshagen 4/5 J11
Reinhardswald 4/5 J11
Reinhausen 4/5 J11
Reken 4/5 D9
Remels 4/5 E3
Reppenstedt 4/5 K4
Rethem 4/5 H5
Reuver 4/5 B11
Reval 54 F2
Reykjavik 54 A1
Rhauderfehn 4/5 E4
Rheda-Wiedenbrück 4/5 F9
Rhede 4/5 C9
Rheden 4/5 B9
Rhein 4/5 C10, 53 A3
Rhein-Herne-Kanal 4/5 D10
Rheinberg 4/5 C10
Rheine 4/5 D7
Rheinisches Schiefergebirge 53 AB3
Rheinland-Pfalz 52 AB4
Rhoden 4/5 H11
Rhön 53 BC3
Rhume 4/5 K10
Riad 56/57 G3
Rickling 4/5 K1
Rietberg 4/5 F9
Riga 54 F2
Rijssen 4/5 C7
Rinteln 4/5 H8
Ritterhude 4/5 G4
Roden 4/5 B4
Rodenberg 4/5 H7
Rodenkirchen 4/5 F3
Röblingen 4/5 N11
Rögnitz 4/5 M3
Rom 54 E3, 56/57 F2
Ronnenberg 4/5 J7
Rosche 4/5 L4
Rosdorf 4/5 J10
Rosengarten 4/5 J3
Roßleben 4/5 M11
Rostock 53 D1
Rotenburg 4/5 H4
Rothaargebirge 4/5 F11, 53 B3
Rügen 53 D1
Rühen 4/5 L6
Ruhr 4/5 C11, 4/5 F11, 53 B3
Rumänien 54 F3, 56/57 F2
Russland 54 GH2, 56/57 H1
Rüthen 4/5 F11
Ruurlo 4/5 B8

's-Heerenberg 4/5 B9
Saale 4/5 N10, 53 C3
Saarbrücken 52 A4, 53 A4
Saarland 52 A4
Sachsen 52 D3
Sachsen-Anhalt 4/5 M8, 52 CD3
Sachsenhagen 4/5 H7
Sahara 56/57 E3
Salzbergen 4/5 D7
Salzburg 53 D5
Salzgitter 4/5 K8
Salzhausen 4/5 K4
Salzhemmendorf 4/5 J8
Salzkotten 4/5 G10
Salzwedel 4/5 M5
Sambia 56/57 FG4
San Marino 54 E3
Sana 56/57 G3
Sande 4/5 F2
Sandersleben 4/5 N10
Sangerhausen 4/5 M11
Santiago 56/57 C5
Sarajevo 54 E3
Sarstedt 4/5 J8
Sassenberg 4/5 F8
Sassenburg 4/5 L6
Saterland 4/5 E4
Saudi-Arabien 56/57 G3
Sauerland 4/5 E11
Schaale 4/5 L3
Schaalsee 4/5 L2
Scharnebeck 4/5 L3
Scharrel 4/5 E4
Scheemda 4/5 C4
Scheeßel 4/5 H4
Schellerten 4/5 K8
Schenefeld 4/5 J2
Scherfede 4/5 H10
Schermbeck 4/5 C10
Schiermonnikoog 4/5 B2
Schiffdorf 4/5 G2
Schladen 4/5 L8
Schleswig-Holstein 4/5 K1, 52 BC1
Schloß Holte-Stukenbrock 4/5 G9
Schnackenburg 4/5 N4
Schneverdingen 4/5 J4
Schönberg 4/5 L1
Schönebeck 4/5 N8
Schöningen 4/5 L8
Schöppenstedt 4/5 L8
Schoonebeek 4/5 C6
Schortens 4/5 E2
Schunter 4/5 L7
Schüttorf 4/5 D7
Schwäbisch-Fränkisches Stufenland 53 BC4
Schwäbische Alb 53 BC4
Schwalmtal 4/5 B11
Schwanebeck 4/5 M9
Schwanewede 4/5 G4
Schwarmstedt 4/5 J6
Schwarzenbek 4/5 K2
Schwarzwald 53 B4-5
Schweden 54 E1, 56/57 F1
Schweiz 54 D3
Schwelm 4/5 D11
Schwerin 4/5 M2, 52 C2, 53 C2
Schweriner See 4/5 M2
Schwerte 4/5 E11
Schwülper 4/5 K7
Seehausen (Altmark) 4/5 N5
Seehausen (Börde) 4/5 M8
Seelze 4/5 J7
Seesen 4/5 K9
Seevetal 4/5 K3
Sehnde 4/5 J7
Selm 4/5 D10
Senden 4/5 E9
Sendenhorst 4/5 E9
Senegal 56/57 E3
Seoul 56/57 K2
Serbien und Montenegro 54 EF3
Sickte 4/5 L8
Sieber 4/5 K10
Sieg 53 A3
Simbabwe 56/57 FG4
Singapur 56/57 J3
Sittensen 4/5 J3
Skopje 54 F3
Sleen 4/5 C5
Slochteren 4/5 C4
Slowakei 54 EF3
Slowenien 54 E3
Smilde 4/5 B5
Sögel 4/5 E5
Söhlde 4/5 K8
Söse 4/5 K9
Soest 4/5 F10
Soester Börde 4/5 F10
Sofia 54 F3
Solling 4/5 J9
Soltau 4/5 J5
Somalia 56/57 G3

Ortsregister

Sondershausen 4/5 L11
Sonsbeck 4/5 B10
Sottrum 4/5 H4
Spanien 54 C3-4, 56/57 EF2
Spelle 4/5 D7
Spenge 4/5 F8
Spessart 53 B3-4
Spiekeroog 4/5 E1
Spree 53 E3
Springe 4/5 J8
Sprockhövel 4/5 D11
Sri Lanka 56/57 H3
St. Andreasberg 4/5 L10
St.Michaelisdonn 4/5 H1
Stade 4/5 H2
Stadland 4/5 F3
Stadskanaal 4/5 C5
Stadthagen 4/5 H7
Stadtlohn 4/5 C8
Stadtoldendorf 4/5 J9
Staßfurt 4/5 N9
Staufenberg 4/5 J11
Steenwijk 4/5 B5
Steinfeld 4/5 F6
Steinfurt 4/5 D8
Steinhagen 4/5 F8
Steinheim 4/5 H9
Steinhude 4/5 H7
Steinhuder Meer 4/5 H6
Stelle 4/5 K3
Stemwede 4/5 F7
Stendal 12/13 N6, 53 C2
Stepenitz 4/5 M1
Sternberg 4/5 N2
Stettin 53 E2
Stever 4/5 D9
Steyerberg 4/5 H6
Stockelsdorf 4/5 L1
Stockholm 54 E2
Stör 4/5 H1
Stolberg 4/5 L10
Stolzenau 4/5 H6
Straelen 4/5 B11
Stralsund 53 D1
Straßburg 53 A4
Ströhen 4/5 G6
Stuhr 4/5 G4
Stuttgart 52 B4, 53 B4
Süd-Radde 4/5 E5
Südafrika 56/57 F5
Südamerika 55 AB4
Sudan 56/57 FG3
Südbrookmerland 4/5 D3
Sude 4/5 M3
Suderburg 4/5 K5
Südkorea 56/57 K2
Südlohn 4/5 C9
Suhl 53 C3
Sulingen 4/5 G6
Sundern 4/5 F11
Süntel 4/5 H8
Suriname 56/57 D3
Surwold 4/5 E5
Süßer See 4/5 N10
Swalmen 4/5 B11
Syke 4/5 G5
Syrien 56/57 G2

Tadschikistan 56/57 H2
Taiwan 56/57 K3
Talsperre Kelbra 4/5 L11
Tansania 56/57 G4
Tarmstedt 4/5 H4
Taschkent 56/57 H2
Taunus 53 B3
Tecklenburg 4/5 E8
Tegelen 4/5 B11
Teheran 56/57 G2
Telgte 4/5 E9
Teufelsmoor 4/5 G3
Teutoburger Wald 4/5 F8, 53 B2
Thailand 56/57 J3
Thale 4/5 M9
Thedinghausen 4/5 H5
Thüringen 4/5 K11, 52 C3
Thüringer Becken 53 C3
Thüringer Wald 53 C3
Tiflis 56/57 G2
Tirana 54 E3
Tönisvorst 4/5 C11
Tötensen 4/5 J3
Tokio 56/57 K2
Tornesch 4/5 J2
Tostedt 4/5 J3
Trave 4/5 K1
Travemünde 4/5 L1
Trendelburg 4/5 H10
Trier 53 A4
Tripolis 56/57 F2
Trittau 4/5 K2
Tschad 56/57 F3
Tschechien 54 E3
Tubbergen 4/5 C7
Tunesien 56/57 F2
Tunis 56/57 F2
Türkei 54 G4, 56/57 G2
Turkmenistan 56/57 GH2
Twello 4/5 B8
Twist 4/5 D6
Twiste 4/5 H11
Twistetal 4/5 G11
Twistringen 4/5 G5

UAE 56/57 G3
Uchte 4/5 G6
Uedem 4/5 B10
Uelsen 4/5 C7
Uelzen 4/5 L5
Uetersen 4/5 J2
Uetze 4/5 K7
Uganda 56/57 G3
Uithuizen 4/5 C3
Ukraine 54 FG3, 56/57 G2
Ulm 53 B4
Ungarn 54 EF3
Unna 4/5 E10
Unstrut 4/5 M11
Unterlüß 4/5 K5
Upgant-Schott 4/5 D2
Uplengen 4/5 E3
Uruguay 56/57 D5
USA 56/57 B2
Usbekistan 56/57 GH2
Uschlag 4/5 J11
Uslar 4/5 J10

Van-Starkenborghkanaal 4/5 B4
Varel 4/5 F3
Varssevelt 4/5 B9
Vatikanstaat 54 E3
Vechelde 4/5 K7
Vechta 4/5 F6
Vechte 4/5 D7
Veendam 4/5 C4
Velbert 4/5 D11
Velen 4/5 D9
Vellmar 4/5 H11
Velpke 4/5 L7
Venezuela 56/57 C3
Venlo 4/5 B11
Venraij 4/5 A10
Verden 4/5 H5
Verl 4/5 G9
Versmold 4/5 F8
Vienenburg 4/5 L9
Vierlande 4/5 K3
Viersen 4/5 B11
Vietnam 56/57 J3
Visbek 4/5 F5
Visselhövede 4/5 J4
Vlagtwedde 4/5 D4
Vlotho 4/5 G8
Voerde 4/5 C10
Vogelsberg 53 B3
Volkmarsen 4/5 H11
Voorst 4/5 B8
Vorden 4/5 B8
Vreden 4/5 C8
Vries 4/5 C4
Vriezenveen 4/5 C7
Vroomshoop 4/5 C7

Wadersloh 4/5 F9
Wagenfeld 4/5 G6
Wahlstedt 4/5 K1
Wahrenholz 4/5 L6
Waldeck 4/5 H11
Wallenhorst 4/5 F7
Walsrode 4/5 J5
Waltrop 4/5 D10
Wangerland 4/5 F2
Wangerooge 4/5 E1
Wanna 4/5 G1
Wansleben 4/5 N11
Wanzleben 4/5 M8
Warburg 4/5 H10
Warburger Börde 4/5 H10
Wardenburg 4/5 F4
Warendorf 4/5 E9
Warnow 4/5 N2
Warschau 54 F2
Warstein 4/5 F11
Washington 56/57 C2
Wathlingen 4/5 K6
Wedel 4/5 J2
Wedemark 4/5 J6
Weener 4/5 D4
Weeze 4/5 B10
Weferlingen 4/5 M7
Weißrussland 54 F2
Wellington 56/57 L5
Welver 4/5 E10
Wendeburg 4/5 K7
Wendland 4/5 M4
Wentorf 4/5 K2
Werdohl 4/5 E11
Werl 4/5 E10
Werlte 4/5 E5
Werne 4/5 E10
Wernigerode 4/5 L9
Werra 4/5 J11, 53 C3
Werre 4/5 G8
Werse 4/5 E9
Werther 4/5 F8
Wesel 4/5 C10
Wesel-Datteln-Kanal 4/5 C10
Wesendorf 4/5 L6
Weser 4/5 G3, 4/5 H6, 4/5 H8, 4/5 J10, 53 B2
Weserbergland 4/5 H8, 53 B2-3
Wesergebirge 4/5 H8
Wesermarsch 4/5 F3
Westerbeck 4/5 L6
Westerholt 4/5 D2
Westerkappeln 4/5 E7
Westerstede 4/5 E3
Westerwald 53 AB3
Westfälische Bucht 4/5 D8
Westoverledingen 4/5 D4
Wetter 4/5 D11
Wettringen 4/5 D8
Weyhe 4/5 G4
Wickede 4/5 E10
Wiefelstede 4/5 F3
Wiehe 4/5 M11
Wiehengebirge 4/5 F7
Wien 54 E3
Wienhausen 4/5 K6
Wierden 4/5 C7
Wiesbaden 52 B3, 53 B3
Wiesmoor 4/5 E3
Wietmarschen 4/5 D6
Wietze 4/5 J6
Wietzendorf 4/5 J5
Wildervank 4/5 C4
Wildeshausen 4/5 F5
Wilhelmshaven 4/5 F2
Willebadessen 4/5 H10
Willich 4/5 C11
Willingen 4/5 G11
Wilna 54 F2
Wilseder Berg 4/5 J4
Wilstedt 4/5 H4
Wilster 4/5 H1
Windhuk 56/57 F4
Winschoten 4/5 D4
Winsen (bei Celle) 4/5 J6
Winsen (Luhe) 4/5 K3
Winsum 4/5 C3
Winterswijk 4/5 C9
Wipper 4/5 L11, 4/5 M10
Wipperstausee 4/5 M10
Wippra 4/5 M10
Wischhafen 4/5 H1
Wismar 12/13 M1
Witten 4/5 D11
Wittenberge 4/5 N4, 53 C2
Wittenburg 4/5 M2
Wittingen 4/5 L6
Wittmund 4/5 E2
Witzenhausen 4/5 J11
Wörpe 4/5 H4
Wolfenbüttel 4/5 L8
Wolfhagen 4/5 H11
Wolfsburg 4/5 L7
Wolmirstedt 4/5 N7
Worbis 4/5 K11
Worpswede 4/5 G4
Wulfen 4/5 D10
Wülfrath 4/5 D11
Wümme 4/5 H4
Wünnenberg 4/5 G10
Wunstorf 4/5 H7
Wuppertal 4/5 D11, 53 A3
Wurmberg 4/5 L9
Wurster Heide 4/5 G1
Würzburg 53 B4
Wustrow 4/5 M5

Xanten 4/5 B10

Zagreb 54 E3
Zarrentin 4/5 L2
Zelhem 4/5 B8
Zentralafrika 56/57 F3
Zetel 4/5 E3
Zeven 4/5 H3
Zevenaar 4/5 B9
Zoutkamp 4/5 B3
Zuidhorn 4/5 B4
Zuidlaren 4/5 C4
Zürich 53 B5
Zutphen 4/5 B8
Zwickau 53 D3
Zwischenahner Meer 4/5 E4
Zwolle 4/5 B6
Zypern 54 G4